Das Augsburger Bekenntnis Deutsch
1530–1980

Das Augsburger Bekenntnis Deutsch
1530–1980

REVIDIERTER TEXT

Herausgegeben von Günther Gaßmann
in Zusammenarbeit mit
Niels Hasselmann, Jürgen Jeziorowski,
Gottfried Klapper, Albert Mauder
und Lutz Mohaupt

Dritte Auflage

VANDENHOECK & RUPRECHT
MATTHIAS-GRÜNEWALD-VERLAG

Die Wiedergabe des VII. Artikels auf dem Umschlag stammt aus dem Erstdruck des Augsburger Bekenntnisses von dem Züricher Drucker Philipp Froschauer, das unter folgendem Titel erschienen war:

Anzeigung vnd bekant nus des Glaubens vnnd der lere/ so die appellierenden Stende Key. Maiestet auff yetzigen tag zu Augspurg überantwurt haben.

M· D· XXX·

CIP-Kurztitelaufnahme der Deutschen Bibliothek

[Confessio Augustana ⟨dt.⟩]
Das Augsburger Bekenntnis, deutsch : 1530 – 1980 ; rev. Text / hrsg. von Günther Gassmann in Zusammenarbeit mit Niels Hasselmann . . – 3., unveränd. Aufl. – Göttingen : Vandenhoeck und Ruprecht ; Mainz : Matthias-Grünewald-Verlag, 1979.

ISBN 3-525-52159-6 (Vandenhoeck u. Ruprecht)
ISBN 3-7867-0720-0 (Matthias-Grünewald-Verl.)

NE: Gassmann, Günther [Hrsg.]; HST

Gemeinschaftsausgabe des Verlages
Vandenhoeck & Ruprecht mit dem Matthias-Grünewald-Verlag

Dritte Auflage 1979

INHALT

2. Teil: *Umstrittene Artikel über abgeschaffte Mißbräuche*

Zur revidierten Textfassung des Augsburger Bekenntnisses

Die hier vorgelegte revidierte Fassung des deutschen Textes des Augsburger Bekenntnisses wurde von einer Arbeitsgruppe aus dem Lutherischen Kirchenamt der Vereinigten Evangelisch-Lutherischen Kirche Deutschlands (VELKD) erarbeitet. Der Arbeitsgruppe gehörten an: Präsident Dr. Günther Gaßmann, die Oberkirchenräte Dr. Niels Hasselmann, Jürgen Jeziorowski, Gottfried Klapper D.D., Albert Mauder, Dr. Lutz Mohaupt und, als Sekretärin, Elisabeth Witte.

Die Arbeitsgruppe hat ihren ersten Entwurf über fünfzig Theologen und Nichttheologen, Professoren und Pfarrern in der Bundesrepublik, der DDR und einigen anderen europäischen Ländern zur Stellungnahme vorgelegt, von denen uns mehr als dreißig ihre – oft sehr ausführlichen – Vorschläge und Anregungen zugesandt haben. Wir sind für diese Mithilfe und das darin zum Ausdruck kommende große Interesse an unserem Vorhaben sehr dankbar. Natürlich konnten nicht alle Wünsche aus diesem Kreis, die sich manchmal auch gegenseitig aufhoben, berücksichtigt werden. Wir haben aber durch diese Reaktionen eine wesentliche Hilfe für unsere Arbeit erfahren, so daß die neue Textfassung als Gemeinschaftsarbeit eines größeren Kreises gelten kann.

Auf vielen Sitzungen hat die Arbeitsgruppe sodann auf der Grundlage der eingegangenen Vorschläge und ihrer eigenen, lebhaften Diskussionen weitere Entwürfe ausgearbeitet und sie immer wieder revidiert. Sie hat sich dabei bemüht, den Charakter des Augsburger Bekenntnisses als eines historischen Dokuments zu bewahren, möglichst keine Deutungen einzutragen und seinen Inhalt nicht zu aktualisieren oder den heutigen Vorstellungen und Verhältnissen anzupassen. Dabei ist uns bewußt, daß eine sprachliche Revision notwendigerweise auch Elemente einer Interpretation mit einschließt.

Die neue sprachliche Fassung ist ein Kompromiß zwischen größtmöglicher Treue zur ursprünglichen Sprachgestalt und einer für das heutige Verstehen notwendigen Annäherung an das Gegenwartsdeutsch. Es ist daher unvermeidlich, daß sich für manche Leser der Text zu stark nach der einen oder der anderen Seite hin orientiert.

Um ein Beispiel für Treue wie Abstand der gegenwärtigen Fassung zum ursprünglichen Text zu geben, sei hier eine wahllos herausgegriffene Gegenüberstellung der beiden Textfassungen angeführt:

Ursprünglicher Text: „Uber das hat man neben den Klostergelubden viel ander Stück mehr aufbracht, und mit solchen Banden und Beschwerden ihr viel, auch vor gebuhrenden Jahren beladen" (aus Art. 27).

Revidierte Fassung: „Darüber hinaus hat man neben den Klostergelübden viele andere Dinge erfunden und mit solchen Verpflichtungen und Auflagen viele, auch schon Minderjährige, belastet."

An manchen Stellen hat die Revision auch stärkere Eingriffe in die ursprüngliche Sprachgestalt vorgenommen: Heute unverständlich gewordene Stellen mußten neu ausgesagt, nicht mehr gebräuchliche Begriffe durch neuere ersetzt, allzu lange Sätze in kürzere aufgelöst werden. Bei solchen Eingriffen wurden häufig die ursprüngliche Fassung oder auch erläuternde Zusätze in Klammern hinzugefügt. Die Bibelstellen wurden nach dem revidierten Luthertext von 1978 zitiert. Erklärende Anmerkungen wurden auf ein Minimum begrenzt.

Die hier vorgelegte Fassung tritt nicht an die Stelle des offiziellen und verbindlichen Textes aus dem Jahr 1530. Sie möchte aber dazu beitragen, daß dieses Grundbekenntnis der lutherischen Reformation den Pfarrern, Gemeinden und anderen Interessierten besser verstehbar und damit auch für unsere Zeit aktualisierbar wird.

Hannover, Juli 1978

Für die Arbeitsgruppe des
Lutherischen Kirchenamtes
Günther Gaßmann

Das Augsburger Bekenntnis 1530 und heute

Von Günther Gaßmann

Bekennen und Bekenntnis

Christlicher Glaube kann und darf nicht passiv und stumm bleiben. Der einzelne Christ wie auch die Gemeinschaft der Glaubenden antwortet auf das schöpferische und erlösende Wirken des dreieinigen Gottes auf vielfältige Weise: in der Form des Gebets, des Dankes, der Anbetung, der Mission, des Dienstes in der Welt und des theologischen Nachdenkens. Auch das Bekenntnis, die öffentlich abgelegte Rechenschaft über den Glauben, ist eine der Ausdrucksformen der Antwort des Glaubens. Einzeln oder gemeinschaftlich bezeugen Christen Grund und Inhalt ihres Glaubens. Sie tun dies in menschlichen Worten und somit im Wissen darum, daß ihr Bekennen immer hinter der Wirklichkeit Gottes und seines Wirkens zurückbleibt. Dennoch können sie das Bekennen nicht umgehen. Es gehört untrennbar und wesentlich zum Leben des Glaubens hinzu.

Christliches Bekennen geschieht in vielfältiger Gestalt. Es reicht vom spontanen, persönlichen Bekenntnis über kurze, bereits in neutestamentlicher Zeit feststehende Bekenntnisformeln wie „Christus ist der Herr" bis hin zu den vom Gottesdienst her bekannten altkirchlichen Glaubensbekenntnissen, den ausführlicheren Bekenntnisschriften der Reformationszeit und neueren Bekenntnisformulierungen wie der „Barmer Theologischen Erklärung" von 1934. Die unterschiedlichen Formen sind bedingt durch die jeweils spezifischen Entstehungssituationen und Zielsetzungen der Bekenntnisse.

Wenn es den Verfassern eines Bekenntnisses gelang, den christlichen Glauben in einer Weise auszusagen, die sich über den konkreten Anlaß der Formulierung hinaus als gültig erwies, wurde ein solches Bekenntnis von einer oder mehreren Kirchen auch später und durch die Zeiten hindurch offiziell übernommen. Dies geschah mit den Bekenntnisschriften der Reformationszeit bis zum heutigen Tage. Unter den lutherischen Kirchen der Welt haben Luthers Kleiner Katechismus und das Augsburger Bekenntnis die weiteste Verbreitung gefunden. Gegenüber den anderen Bekenntnissen werden sie oft in Kirchenverfassungen, durch Abdruck in Gesangbüchern usw. besonders hervorgehoben.

450 Jahre Augsburger Bekenntnis

1980 feiern die lutherischen Kirchen und einige unierte Kirchen, die die lutherische Tradition in sich aufgenommen haben, das 450jährige Jubiläum der Abfassung und Übergabe des Augsburger Bekenntnisses *(abgekürzt: CA, von Confessio Augustana)* auf dem Reichstag zu Augsburg 1530. Jubiläen sollten, wenn man sich nicht nur mit einigen Festakten begnügen will, ein Anlaß zur Selbstbesinnung sein. Haben die Bekenntnisse der Reformation, und nun besonders das Augsburger Bekenntnis, heute noch eine Bedeutung für den Glauben und das Leben der Kirche? Oder werden sie in Kirchenverfassungen, bei Ordinationen von Pfarrern oder in formelhaften Hinweisen nur noch als tote Texte beschworen, deren Worte uns über den Graben von 450 Jahren nicht mehr erreichen? Diese Frage wird angesichts des Jubiläumsjahres 1980 häufiger gestellt werden als sonst. Sie verlangt eine Antwort, die nur aus einer Beschäftigung mit dem Text der CA heraus gegeben werden kann.

Nicht nur das Jahr 1980 rückt das Augsburger Bekenntnis wieder stärker ins Blickfeld. Dies geschieht auch durch die ökumenischen Bemühungen um eine Annäherung der Kirchen. In der Begegnung, im Dialog fragen sich die Kirchen gegenseitig nach den Ausprägungen, die der gemeinsame Glaube in unterschiedlichen theologischen Überzeugungen und Formen kirchlichen Lebens gefunden hat. Was ist es, das sie miteinander verbindet? Worin bestehen die trennenden Unterschiede, um deren Überwindung weiter gerungen werden muß? Ein Bekenntnis wie das von Augsburg 1530 wird bei solchen Begegnungen und Fragen häufig herangezogen, weil es Auskunft gibt über die gemeinsame Grundlage des Glaubens einer weltweiten Kirchenfamilie.

Zudem ist in den letzten Jahren eine lebhafte, in vielen Aufsätzen, Artikeln und Vorträgen geführte Diskussion darüber entbrannt, ob nicht von römisch-katholischer Seite das Augsburger Bekenntnis als „besonderer Ausdruck des gemeinsamen christlichen Glaubens" anerkannt werden kann (Vollversammlung des Lutherischen Weltbundes 1977 in Daressalam). Kann dieses Bekenntnis, das 1530 der Bewahrung kirchlicher Einheit dienen wollte, heute eine Hilfe für die Annäherung der Evangelisch-Lutherischen und der Römisch-katholischen Kirche bieten? Überlegungen dieser Art sind von römisch-katholischen Theologen angeregt worden. Die Intensität, mit der heute die CA in manchen katholischen Kreisen studiert wird, ist für die Lutherischen Kirchen Anlaß zur Freude und gleichzeitig eine Herausforderung, die eigene Beurteilung der CA und die Stellung zu ihr neu zu klären. Das kann nicht nur eine Sache der Fachtheologen sein.

Historischer Hintergrund

Am 25. Juni 1530 wurde die Confessio Augustana in Augsburg vor Kaiser und Reichstag auf deutsch verlesen und in ihrer deutschen und lateinischen Textfassung übergeben. Die beiden Fassungen sind im Wortlaut nicht immer identisch, wohl aber in den wesentlichen inhaltlichen Aussagen. Beide gelten sie als authentischer Text.

1530 war in den deutschen Gebieten die Einheit der mittelalterlichen Kirche noch nicht zerbrochen. Es gab noch keine Römisch-katholische Kirche und keine eigene Lutherische Kirche. Innerhalb der Kirche war aber eine Erneuerungsbewegung entstanden. Unter Berufung auf die Heilige Schrift wandte sie sich gegen die unzähligen Mißstände im kirchlichen Leben, gegen den Machtmißbrauch der Kirche und deren Anspruch, die Bedingungen für den Empfang der göttlichen Gnade festzulegen. Die Anhänger der reformatorischen Bewegung verkündigten die befreiende Botschaft vom Kommen Gottes zu den Menschen in seinem Sohn Jesus Christus. Durch dessen Tod und Auferstehung hat er die Menschen mit sich versöhnt, schenkt er ihnen seine Gnade und Vergebung, macht er sie frei zu einem neuen Leben in der Gemeinschaft mit ihm und in seiner Welt. Allein durch die Annahme dieses Geschenks im Glauben, einer Gabe des Heiligen Geistes, und ohne alle menschlichen oder kirchlichen Vorbedingungen wird der Mensch von Gott und vor Gott gerechtfertigt, wird ihm diese neue Gemeinschaft mit seinem Schöpfer und Herrn gewährt.

Die reformatorische Erneuerungsbewegung hatte weitreichende Auswirkungen auf das gesamte gesellschaftliche und politische Leben. Sie wurde von einigen Landesherrn und Freien Reichsstädten gefördert, von anderen aber, wie von den kirchlichen Autoritäten im Lande und in Rom, scharf abgelehnt und bekämpft. Bereits 1521 hatte man durch das Wormser Edikt versucht, die reformatorische Bewegung zu verbieten und zu unterdrücken. Auf dem Reichstag zu Speyer 1529 protestierten die reformatorisch gesinnten Landesherrn und Städte gegen die Forderung, die Reformen in ihren Gebieten zurückzunehmen. In Speyer wie auch schon zuvor hatten sie an den Kaiser appelliert, die umstrittenen Fragen des Glaubens und kirchlichen Lebens auf einem allgemeinen und freien Konzil zu behandeln. Diese Bitte wurde nicht erfüllt.

Augsburg 1530

Das Einladungsschreiben (vom 21. Januar 1530) Kaiser Karls V. für den Reichstag zu Augsburg (vgl. die Zitate in der Vorrede zur CA) weckte bei den evangelischen „Ständen" die Hoffnung, daß nun vielleicht eine reichsrechtliche Anerkennung der reformatorischen Bewegung erreicht werden könnte. Voraussetzung hierfür war aber, dessen waren sie sich bewußt, der Nachweis der Übereinstimmung in den Grundlagen des Glaubens und der Notwendigkeit von Reformen im Blick auf die vorhandenen Mißstände. Diese Orientierung hat ihren Niederschlag in den beiden Hauptteilen der CA gefunden.

Mit dieser Zielsetzung ging Philipp Melanchthon (1497–1560), der führende evangelische Theologe auf dem Reichstag, nach seiner Ankunft in Augsburg (2. Mai 1530) an die Arbeit. Er benutzte Vorarbeiten und Gutachten wie die „Schwabacher Artikel" von 1529 und die „Torgauer Artikel" vom März 1530. Er schickte Martin Luther, der als Geächteter nicht am Reichstag teilnehmen durfte und sich auf der Coburg befand, einen Entwurf. Luther stimmte zu, deutete aber auch an, er selbst hätte nicht so friedfertig und zurückhaltend formulieren können wie sein Mitreformator. Bis kurz vor der Verlesung am 25. Juni 1530 arbeitete Melanchthon am Text.

Durch die Unterschrift der reformatorisch gesinnten Landesherrn und Räte Freier Reichsstädte (vgl. Abschluß der CA) wurde die von Melanchthon verfaßte Schrift als Bekenntnis der in den betreffenden Gebieten wirkenden Pfarrer und auch als ihr eigenes Bekenntnis anerkannt (vgl. Vorrede zur CA). Nach der Verlesung der CA arbeiteten die anwesenden päpstlichen Theologen eine Widerlegung („Confutatio") aus, auf deren Verlesung Melanchthon mit seiner „Apologie" antwortete. Der Kaiser verweigerte jedoch deren Entgegennahme. Für ihn hatte die „Confutatio" die Verhandlungen entschieden. Damit war das Anliegen der evangelischen Stände abgelehnt.

Erst durch den Augsburger Religionsfrieden von 1555 wurde das Augsburger Bekenntnis reichsrechtlich anerkannt. Die geforderte Freiheit für die Verkündigung des Evangeliums und die Gestaltung des kirchlichen Lebens nach reformatorischem Bekenntnis wurde nun den bereits zur Reformation übergegangenen Gebieten – den „Verwandten der Augsburger Konfession" – zugestanden, aber auch auf sie begrenzt.

Politischer Anlaß und kirchliche Folgen

Das Augsburger Bekenntnis diente 1530 äußerlich einer politischen Zielsetzung. Diese wurde 1555 auch erreicht, wenngleich nicht in der Form der erstrebten Bewahrung der Einheit der Kirche und der Freiheit zu deren Erneuerung. Vielmehr entstanden nun in Deutschland evangelische Landeskirchen. Der politischen Zielsetzung der CA diente auch ihr Inhalt. Da dieser aber rein theologisch und kirchlich formuliert ist, blieb er über den unmittelbaren äußeren Anlaß und Zweck der Abfassung hinaus gültig. So gesehen ist die CA ein Manifest der Einheit und Erneuerung der Kirche. Daß sie in ihrem auf Eintracht und Verständigung gerichteten Bemühen einige schwerwiegende Streitpunkte, zum Beispiel das Papstamt, ausklammerte, sollte nicht verschwiegen werden. Indem sie aber mit dem Rückbezug auf das biblische Zeugnis und in Kontinuität mit der altkirchlichen Tradition den gemeinchristlichen Glauben bekannte und gleichzeitig Kriterien und Orientierung für die Erneuerung des kirchlichen Lebens aufzeigte, erhielt sie in den folgenden Jahrhunderten große kirchliche Bedeutung.

So wurde die CA auch von den außerdeutschen lutherischen Kirchen, die in der Reformationszeit entstanden, nach und nach als Teil ihrer Bekenntnisgrundlage angenommen. Sie diente den Einwanderergemeinden in Nordamerika, Australien und Lateinamerika als Grundlage ihrer Sammlung und Selbstidentifizierung in einer multireligiösen Umwelt. Sie wurde in den letzten Jahrzehnten von den unabhängig gewordenen Kirchen in Asien und Afrika, die aus lutherischer und zum Teil auch unierter Missionsarbeit hervorgegangen sind, in ihre Verfassungen aufgenommen. Sie wird, neben Luthers Kleinem Katechismus, in der Verfassung des Lutherischen Weltbundes ausdrücklich als Teil der Lehrgrundlage dieser weltweiten Gemeinschaft genannt.

Zeitbedingtheit des Augsburger Bekenntnisses

Die Lutherischen Kirchen stimmen darin überein und haben immer wieder betont, daß für sie die Heilige Schrift und das in ihr bezeugte Evangelium von Jesus Christus die grundlegende Quelle und Norm der Lehre und des Lebens der Kirche ist. Nur unter dieser Voraussetzung kommt dann auch den reformatorischen Bekenntnissen als einer zutreffenden Auslegung des Wortes Gottes eine Bedeutung für Lehre und Leben der Kirche zu. Kann aber ein Bekenntnis wie das von Augsburg 1530 über einen Zeitraum von 450 Jahren hinweg überhaupt noch eine solche Bedeutung haben?

Zweifellos fallen jedem Leser der CA deren zeitbedingte Züge sofort auf. Da ist zunächst einmal das altertümliche, oft kaum mehr verständliche Deutsch der Entstehungszeit. Mit der hier veröffentlichten Revision ist versucht worden, diese Barriere für heutiges Lesen und Verstehen so niedrig wie möglich zu machen. Aber auch der Inhalt spiegelt deutlich die Situation der Entstehungszeit wider. Dies gilt vor allem für die Artikel des 2. Teils. Hier muß deutlich und dankbar festgestellt werden, daß die dort genannten Mißstände und unbiblischen Verzerrungen des Glaubens die heutige Römisch-katholische Kirche weitgehend nicht mehr betreffen. Darüber hinaus ist die CA von gesellschaftlichen Verhältnissen und Denkweisen geprägt, die sich inzwischen längst verändert haben.

Dennoch glauben die Bearbeiter dieser Neufassung und mit ihnen viele andere, daß die CA trotz ihres zeitgenössischen Gewandes auch heute eine Hilfe bei der Näherbestimmung des Glaubens und Lebens der Kirche leisten kann. Dazu bedarf es allerdings der Interpretation und Aktualisierung. Auch darf man nicht vergessen, daß die CA keine vollständige, umfassende Darlegung aller Aspekte des christlichen Glaubens bieten wollte und schon von daher nicht auf alle Fragen eine Antwort hat, die wir vielleicht an sie herantragen. Hier muß sie im Zusammenhang mit den anderen reformatorischen Bekenntnissen gelesen werden.

Kirchliche und ökumenische Bedeutung heute

In mehrfacher Hinsicht ist das Augsburger Bekenntnis, trotz seiner zeitbedingten Ausdrucksformen und unter der Voraussetzung einer Interpretation und Aktualisierung für unsere Zeit, für die Lehre und das Leben der Evangelisch-Lutherischen Kirche heute von nicht unerheblicher Bedeutung. Das soll abschließend mit einigen Hinweisen angedeutet werden.

a) Die CA gibt verbindliche Auskunft über einige der grundlegenden Überzeugungen derjenigen Kirchen, die sich der lutherischen Reformation und Tradition verpflichtet wissen. Sie ist damit eine Berufungsinstanz, die über die individuellen Darlegungen des Glaubens hinausweist, diese unter Umständen korrigiert und die gemeinsamen, verbindenden Grundstrukturen reformatorisch geprägten Glaubens aufzeigt. Ohne solche gemeinsamen und erkennbaren Grundüberzeugungen wird eine Kirche profillos und in ihrem Zeugnis und Dienst kraftlos.

b) Die CA ist eine Hilfe bei der Auslegung der Heiligen Schrift. Mit ihrer konsequenten Herausstellung des Evangeliums von Jesus Christus und dessen Anwendung auf die verschiedenen Fragen des Glaubens und kirchlichen Lebens führt die CA in das Zentrum, in die Mitte der Schrift. Von hier aus muß alle Schriftauslegung in der Verkündigung der Kirche geprägt sein.

c) Unter der primären Norm der Heiligen Schrift ist die CA ein Kriterium für die Unterscheidung zwischen rechter und falscher Lehre. Sie trägt dazu bei, den Rahmen abzustecken, innerhalb dessen eine Vielfalt der Auffassungen und Formen in der Kirche möglich und bereichernd ist.

d) Besonders in ihrem 2. Teil stellt die CA alle menschlichen Ordnungen in der Kirche in ihrer Relativität heraus und unterstreicht die Freiheit zu deren Gestaltung, da sie dem Evangelium untergeordnet sind und nicht an seine Stelle treten dürfen. Von hier aus ergeht die kritische Frage an die Kirche heute, ob sie nicht wieder in Gefahr steht, durch eine wachsende Zahl von Ordnungen und Vorschriften und die intensive Beschäftigung ihrer Leitungsgremien mit diesen zu sehr von ihrem eigentlichen Auftrag abgelenkt zu werden. So ist die CA ein ständiger Aufruf zur Erneuerung der Kirche.

e) Die CA ist eines der Elemente, die miteinander die Identität, das Selbstverständnis Lutherischer Kirche ausmachen. Indem sie gerade nicht Gründungsurkunde einer Konfession war und sein will, trägt die CA dazu bei, daß diese Identität nicht im Sinne konfessioneller Abgrenzung und Exklusivität bestimmt werden kann, sondern in der Offenheit gegenüber anderen geschichtlichen Verkörperungen des Evangeliums in verschiedenen Kirchen.

f) Die CA gehört zu den Grundlagen und Ausdrucksformen der gegenseitigen Verbundenheit und Gemeinschaft der Lutherischen Kirchen in aller Welt. Sie ist eines der Bande, das diese Kirchen über alle geographischen, politischen, kulturellen und rassischen Grenzen hinweg verbindet.

g) Die CA beruft sich auf die altkirchlichen Glaubensbekenntnisse und weiß sich in der Kontinuität mit der Tradition der Alten Kirche. Sie bezeugt damit eine grundlegende Gemeinsamkeit der Lutherischen Kirche mit anderen Konfessionen, die sich in gleicher Weise der einen christlichen Kirche aller Zeiten und Völker verpflichtet wissen.

h) Von ihrer Entstehung her wollte die CA der Bewahrung der Einheit der Kirche dienen. Sie ist darum eine beständige Mahnung an die Lutherische Kirche, sich um engere Gemeinschaft und Einheit mit anderen Kirchen zu bemühen.

Es müßte nun zur intensiveren Beschäftigung mit dem Augsburger Bekenntnis hinzugehören, die genannten und auch andere Aspekte der Bedeutung der CA heute nicht nur zu konstatieren, sondern auch im Leben der Kirche zu verwirklichen. Und noch ein letztes: Sollte uns das Augsburger Bekenntnis nicht auch ermutigen, dem Beispiel der Väter zu folgen und in unserer Zeit neu und gemeinsam verbindliche Rechenschaft über unseren Glauben abzulegen? Mit unseren eigenen Worten und in der Kontinuität mit dem Bekennen und Bekenntnis der Generationen vor uns!

Das Augsburger Bekenntnis

VORREDE[1]

Allerdurchlauchtigster, großmächtigster, unüberwindlichster Kaiser, allergnädigster Herr!

Eure Kaiserliche Majestät hat vor kurzem (21. Januar 1530) einen allgemeinen Reichstag hierher nach Augsburg gnädig ausgeschrieben mit dem Aufruf und dringenden Ersuchen, es möge beraten werden, wie dem Türken – unserem und des christlichen Namens Erbfeind – durch anhaltende (militärische und finanzielle) Hilfe kräftig widerstanden werden und „wie wegen des Zwiespaltes in dem heiligen Glauben und der christlichen Religion gehandelt werden könnte"[2]. Dabei sollte „sorgfältig beraten und genau darauf geachtet werden, die Ansicht, Überzeugung und Meinung eines jeden in Liebe und Güte miteinander zu hören, zu verstehen und zu erwägen, und sie zu einer gemeinsamen christlichen Wahrheit zusammenzubringen und auszugleichen. Alles, was bisher auf beiden Seiten nicht richtig ausgelegt oder getan worden ist, soll abgestellt werden, damit durch uns alle eine gemeinsame wahre Religion angenommen und gehalten wird und wir so, wie wir alle unter einem Christus stehen und streiten, auch alle in einer Gemeinschaft und Kirche in Einigkeit leben". Weil wir – der Kurfürst und die mit ihm unten genannten Fürsten zusammen mit unseren Verbündeten – ebenso wie die anderen Kurfürsten, Fürsten und Reichsstände[3] dazu geladen worden sind, haben wir uns

---

[1] Verfaßt vom kursächsischen Kanzler Gregor Brück im Stil der damaligen Kanzleisprache.

[2] Zitate aus dem offiziellen Einberufungsschreiben („Ausschreiben") des Kaisers zum Reichstag vom 21. Januar 1530.

[3] Hierzu gehören zum Beispiel die freien Reichsstädte, die reichsunmittelbaren Klöster und Stifte, die selbständigen Pfalzen, die Ritterschaften, sowie verschiedene Organisationen des Klerus.

die Ehre gegeben, daß wir, ohne uns zu rühmen, mit als erste hierher gekommen sind.

Gemäß diesem Ausschreiben und zu seiner gehorsamen Durchführung hat Eure Kaiserliche Majestät wegen der den Glauben berührenden Fragen sämtliche Kurfürsten, Fürsten und Reichsstände sodann dringend und ernsthaft aufgefordert, daß ein jeder – entsprechend dem erwähnten Ausschreiben – seine Ansicht, Überzeugung und Meinung zu diesen Irrtümern, Zwiespältigkeiten, Mißbräuchen usw. deutsch und lateinisch schriftlich abfassen und übergeben solle. Hierauf wurde Eurer Kaiserlichen Majestät nach eingehender Erwägung und Beratung am vergangenen Mittwoch (22. Juni 1530) vorgetragen, daß wir zu unserem Teil bereit sind, das Unsere entsprechend den Wünschen Eurer Kaiserlichen Majestät deutsch und lateinisch heute, Freitag (24. Juni 1530), zu übergeben. Deshalb überreichen wir hiermit in untertänigstem Gehorsam gegenüber Eurer Kaiserlichen Majestät die Lehren unserer Pfarrer und Prediger – damit auch unser Bekenntnis des Glaubens –, nämlich was und auf welche Weise sie aufgrund göttlicher, heiliger Schrift in unseren Ländern, Fürstentümern, Grafschaften, Städten und Gebieten predigen, lehren, handeln und unterrichten.

Außerdem bieten wir Eurer Kaiserlichen Majestät, unserm allergnädigsten Herrn, untertänigst an, falls die anderen Kurfürsten, Fürsten und Reichsstände jetzt auch eine zweifache schriftliche Darlegung ihrer Meinung und Überzeugung lateinisch und deutsch übergeben sollten, daß wir uns mit Eurer Majestät und mit ihnen gern über geeignete gemeinsame Wege beraten wollen. Soweit es möglich und zumutbar ist, wollen wir uns verständigen, damit die von beiden Seiten schriftlich vorgebrachten Wünsche und Beschwerden zwischen uns „in Liebe und Güte" behandelt und diese Meinungsverschiedenheiten zu einer gemeinsamen wahren Religion zusammengeführt werden mögen – nämlich „wie wir alle unter einem Christus stehen und streiten" und Christus bekennen sollen – alles gemäß dem mehrfach angeführten Ausschreiben Eurer Kaiserlichen Majestät und nach göttlicher Wahrheit. Dazu wollen wir denn auch Gott den Allmächtigen in tiefster Demut anrufen

und ihn bitten, seine göttliche Gnade dazu zu verleihen.
Amen.

Es könnte jedoch der Fall eintreten, daß die Verhandlung bei
den Herren, Freunden und Würdenträgern, den Kurfürsten,
Fürsten und Reichsständen der anderen Seite so, wie das Ausschreiben Eurer Kaiserlichen Majestät es vorsieht – nämlich
durch „angemessene Verhandlung miteinander in Liebe und
Güte" – nicht erwünscht ist oder als förderlich angesehen wird.
Auch dann aber soll es bei uns jedenfalls an nichts fehlen, was
im Einklang mit Gott und dem Gewissen der christlichen Einheit dienen kann. Dies werden Eure Kaiserliche Majestät und
unsere genannten Freunde, die Kurfürsten, Fürsten und Reichsstände sowie jeder, dem diese Sache zu Ohren kommt und der
die christliche Religion liebt, aus dem Folgenden – unserem
und unserer Prediger Bekenntnis – in wohlwollender und
freundlicher Weise hinreichend vernehmen können.

Eure Kaiserliche Majestät hat früher – insbesondere durch
eine beim Reichstag zu Speyer 1526 öffentlich verlesene In-
struktion – den Kurfürsten, Fürsten und Ständen des Reiches
gnädig zu verstehen gegeben, daß sie aus dort genannten Gründen nicht die Absicht habe, in Sachen unseres heiligen Glaubens Beschlüsse fassen zu lassen, sondern sich beim Papst (Cle-
mens VII.) für die Abhaltung eines Konzils nachdrücklich einzusetzen. Ferner wurde vor einem Jahr auf dem letzten Reichstag zu Speyer (1529) entsprechend einer schriftlichen Instruk-
tion den Kurfürsten, Fürsten und Ständen des Reiches durch
Euren Reichsstatthalter, den König von Ungarn und Böhmen
(Erzherzog Ferdinand) usw., samt den vortragenden Räten und
verordneten Kommissaren unter anderem dargelegt und be-
kanntgemacht, daß „beim Reichstag zu Regensburg (1527) sei-
tens der Statthalter, Amtsträger und Räte der Kaiserlichen Regierung sowie der Botschafter der abwesenden Kurfürsten, Fürsten und Reichsstände Euer Entschluß wegen des Allgemeinen
Konzils bedacht und dessen Ansetzung als fruchtbar erkannt
worden ist. Weil sich die Angelegenheiten zwischen Eurer Kaiserlichen Majestät und dem Papst zu gutem, christlichem Ein-
vernehmen entwickelten und somit Gewißheit bei Euch be-
stand, daß der Papst ein solches Konzil nicht verweigern werde,

sei Eure Kaiserliche Majestät bereit, darauf hinzuwirken, daß
der Papst ein solches Allgemeines Konzil zusammen mit Eurer
Kaiserlichen Majestät so bald wie möglich auszuschreiben
bereit wäre und daß alles dafür getan werden sollte"[4].

Daher erklären wir zum wiederholten Male gegenüber Eurer
Kaiserlichen Majestät untertänigst unsere Bereitschaft zu einem
solchen allgemeinen, freien, christlichen Konzil, wie es auf
allen Reichstagen, die von Eurer Kaiserlichen Majestät während Eurer Regierungszeit im Reich gehalten worden sind,
durch Kurfürsten, Fürsten und Reichsstände aus gewichtigen
und mutigen Beweggründen beschlossen wurde. Wir haben uns
zusammen mit Eurer Kaiserlichen Majestät wegen dieser
höchst wichtigen Angelegenheit bereits früher (Reichstag zu
Speyer 1529) in rechtsverbindlicher Form auf ein solches Konzil berufen und an dasselbe appelliert. Dies halten wir aufrecht
und werden davon weder angesichts der jetzigen noch künf-
tiger Verhandlungen Abstand nehmen, es sei denn, die strit-
tigen Fragen werden schließlich „in Liebe und Güte" – gemäß
dem Ausschreiben Eurer Kaiserlichen Majestät – gehört, erwogen, beigelegt und durch Ausgleich zu christlicher Einigkeit
gebracht. Dies bezeugen wir hiermit öffentlich und beharren
auf unserem Protest[5].

Was jetzt Artikel für Artikel folgt, ist unser und der Unseren
Bekenntnis.

---

[4] Zitat aus der „Proposition", die bei der Eröffnung des Reichstags zu
Speyer vorgetragen wurde.

[5] Mit „Protest" wird an den Ausgang des Reichstags zu Speyer 1529 erinnert, bei dem die evangelischen Stände gegen das Schlußdokument „prote-
stiert", d. h. Berufung eingelegt hatten.

1. TEIL
ARTIKEL DES GLAUBENS UND DER LEHRE

ARTIKEL 1

Von Gott

Zuerst wird gemäß dem Beschluß des Konzils von Nicäa (325)[1] einmütig gelehrt und festgehalten, daß ein einziges göttliches Wesen sei, das Gott genannt wird und wahrhaftig Gott ist und doch drei Personen in diesem *einen* göttlichen Wesen sind, jede gleich mächtig, gleich ewig: Gott Vater, Gott Sohn, Gott Heiliger Geist. Alle drei sind *ein* göttliches Wesen, ewig, unteilbar, unbegrenzt, von unermeßlicher Macht, Weisheit und Güte, *ein* Schöpfer und Erhalter aller sichtbaren und unsichtbaren Dinge. Unter dem Wort ‚Person' wird nicht ein Teil oder eine Eigenschaft von etwas anderem verstanden, sondern etwas, das in sich eigenständig ist, so wie die Kirchenväter diesen Begriff in dieser Sache gebraucht haben.

Deshalb werden alle Ketzereien verworfen, die diesem Artikel widersprechen, wie die Manichäer, die zwei Götter annehmen: einen bösen und einen guten; ebenso die Valentinianer, Arianer, Eunomianer[2], Muslime[3] und alle, die ähnlich denken. Verworfen werden auch die Samosatener[4], die alten und die neuen, die nur eine Person annehmen und über die beiden anderen, nämlich ‚das Wort' und den Heiligen Geist, die spitzfindige Ansicht vertreten, es seien nicht ‚unterschiedliche Personen', sondern ‚das Wort' bedeute so viel wie gesprochenes (urspr.: leiblich) Wort oder Stimme, und der Heilige Geist sei eine erschaffene Regung in den Geschöpfen.

---

[1] Dieser Artikel bezieht sich auf das Nicäno-konstantinopolitanische Glaubensbekenntnis von 381, das heute allgemein als „Nicänum" bezeichnet und neben dem apostolischen Glaubensbekenntnis im Gottesdienst benutzt wird. Dieses Bekenntnis verbindet die meisten christlichen Kirchen.

[2] Die erwähnten häretischen Gruppen aus den ersten Jahrhunderten bestrit-
[3] Da diese die Trinität leugnen.   [ten die Wesenseinheit Christi mit Gott.
[4] Nach Paul von Samosata, Bischof von Antiochien 260–268.

ARTIKEL 2

Über die Erbsünde

Weiter wird bei uns gelehrt, daß nach Adams Fall (1. Mose 3) alle natürlich geborenen Menschen in Sünde empfangen und geboren werden, das heißt, daß sie alle von Mutterleib an voll Neigung und Lust zum Bösen sind und von Natur aus keine wahre Gottesfurcht, keinen wahren Glauben an Gott haben können. Auch wird gelehrt, daß dieses angeborene Übel, diese Erbsünde, wirklich Sünde ist und daher alle die unter den ewigen Gotteszorn verdammt, die nicht durch die Taufe und den Heiligen Geist von neuem geboren werden.

Damit werden die Pelagianer [1] und andere verworfen, die die Erbsünde nicht für Sünde halten, um dadurch die (menschliche) Natur aus eigenen Kräften Gott wohlgefällig (urspr.: fromm) zu machen, und die so das Leiden und Verdienst Christi verachten.

---

[1] Nach Pelagius, einem asketischen Lehrer und Schriftausleger in Rom, gest. nach 418.

ARTIKEL 3

Vom Sohn Gottes

Ferner wird gelehrt, daß Gott der Sohn Mensch geworden ist, geboren aus der reinen Jungfrau Maria. Die zwei Naturen, die göttliche und die menschliche, sind also in *einer* Person untrennbar vereinigt: *ein* Christus, wahrer Gott und wahrer Mensch, wahrhaftig geboren, gelitten, gekreuzigt, gestorben und begraben; so ist er ein Opfer nicht nur für die Erbsünde, sondern auch für alle anderen Sünden und hat Gottes Zorn versöhnt; dieser Christus ist hinabgestiegen in das Reich des Todes (urspr.: Hölle), am dritten Tage wahrhaftig auferstanden von den Toten und aufgefahren in den Himmel; er sitzt zur Rechten

Gottes, herrscht ewig über alle Geschöpfe und regiert sie; alle, die an ihn glauben, heiligt, reinigt, stärkt und tröstet er durch den Heiligen Geist, teilt ihnen auch Leben und allerlei Gaben und Güter aus, schützt und beschirmt sie gegen Teufel und Sünde; dieser Herr Christus wird am Ende öffentlich kommen, zu richten die Lebenden und die Toten – wie es im Apostolischen Glaubensbekenntnis heißt.

ARTIKEL 4

Über die Rechtfertigung

Weiter wird gelehrt, daß wir Vergebung der Sünde und Gerechtigkeit vor Gott nicht durch unsere Verdienste, Werke und Gott versöhnenden Leistungen (urspr.: Genugtun) erreichen können. Vielmehr empfangen wir Vergebung der Sünde und werden vor Gott gerecht aus Gnade um Christi willen durch den Glauben, (das heißt) wenn wir glauben, daß Christus für uns gelitten hat und daß uns um seinetwillen die Sünde vergeben, Gerechtigkeit und ewiges Leben geschenkt wird. Diesen Glauben will Gott als Gerechtigkeit, die vor ihm gilt, ansehen und zurechnen – wie Paulus im 3. und 4. Kapitel des Römerbriefes (bes. 3,21 ff. und 4,5) sagt.

ARTIKEL 5

Vom Predigtamt

Damit wir zu diesem Glauben kommen, hat Gott das Predigtamt eingesetzt, das Evangelium und die Sakramente gegeben. Durch diese Mittel gibt Gott den Heiligen Geist, der bei denen, die das Evangelium hören, den Glauben schafft, wo und wann er will. Das Evangelium lehrt, daß wir durch Christi Verdienst und nicht durch unsere Verdienste einen gnädigen Gott haben, wenn wir dieses glauben.

Verworfen werden die Wiedertäufer und andere, die lehren, daß wir den Heiligen Geist ohne das leibhafte Wort [1] des Evangeliums durch eigenes Bemühen, eigene Gedanken und Anstrengungen (urspr.: Werk) erlangen.

---

[1] Gemeint ist: das dem Menschen von außen zugesprochene Wort in Schrift, Predigt und Sakramenten.

ARTIKEL 6

Vom neuen Gehorsam

Auch wird gelehrt, daß dieser Glaube gute Früchte und gute Werke hervorbringen soll und daß man viele gute Werke tun muß, die Gott geboten hat, weil er es will. Doch darf man nicht darauf vertrauen, daß man durch sie Gnade vor Gott verdienen kann. Denn Vergebung der Sünde und Gerechtigkeit empfangen wir durch den Glauben an Christus — wie er selbst spricht: „Wenn ihr alles getan habt, was euch befohlen ist, so sagt: Wir sind unwürdige Knechte" (Luk. 17,10). So lehren auch die Kirchenväter, wie zum Beispiel Ambrosius: „So ist es bei Gott beschlossen, daß der gerettet ist, der an Christus glaubt, und daß er nicht durch Werke, sondern allein durch den Glauben ohne eigenes Verdienst Vergebung der Sünde hat." [1]

---

[1] Zitat aus einem lateinischen Pauluskommentar aus dem 4. Jahrhundert, dem sogenannten Ambrosiaster, der im Mittelalter Ambrosius von Mailand zugeschrieben wurde.

ARTIKEL 7

Über die Kirche und ihre Einheit

Es wird auch gelehrt, daß allezeit die eine, heilige, christliche Kirche sein und bleiben muß. Sie ist die Versammlung aller Gläubigen, bei denen das Evangelium rein gepredigt und die heiligen Sakramente dem Evangelium gemäß gereicht werden.

Denn das genügt zur wahren Einheit der christlichen Kirche, daß das Evangelium einmütig im rechten Verständnis verkündigt und die Sakramente dem Wort Gottes gemäß gefeiert (urspr.: gereicht) werden. Für die wahre Einheit der christlichen Kirche ist es daher nicht nötig, überall die gleichen, von den Menschen eingesetzten kirchlichen Ordnungen[1] einzuhalten – wie Paulus an die Epheser schreibt: *„Ein* Leib und *ein* Geist, wie ihr auch durch eure Berufung zu *einer* Hoffnung berufen seid; *ein* Herr, *ein* Glaube, *eine* Taufe"* (Eph. 4,4f.).

[1] Urspr.: Zeremonien. Damit sind gottesdienstliche, rechtliche Ordnungen, religiöse Gebräuche usw. gemeint.

ARTIKEL 8

Über die Wirklichkeit der Kirche

Die christliche Kirche ist ihrem Wesen nach nichts anderes als die Versammlung aller Gläubigen und Heiligen. In diesem Leben gibt es aber unter den Frommen viele falsche Christen, Heuchler und auch offenkundige Sünder. Dennoch sind die Sakramente wirksam, auch wenn die Priester, durch die sie gereicht werden, nicht fromm sind. Christus selbst sagt: „Auf dem Stuhl des Mose sitzen die Schriftgelehrten und Pharisäer ..." (Matth. 23,2f.).

Darum werden die Donatisten[1] und alle anderen verworfen, die anders lehren.

[1] Eine sehr streng eingestellte Gruppe in der afrikanischen Kirche zu Beginn des 4. Jahrhunderts. Sie sprach Bischöfen, die sich in einer Verfolgung als unwürdig erwiesen hatten, ihre Amtsvollmachten ab.

ARTIKEL 9

Von der Taufe

Von der Taufe wird gelehrt, daß sie notwendig ist und daß durch sie Gnade angeboten wird. Man soll auch die Kinder taufen, die durch die Taufe Gott übergeben und von ihm angenommen (urspr.: Gott … gefällig) werden.

Deshalb werden die Wiedertäufer verworfen, die lehren, daß die Kindertaufe nicht recht sei.

ARTIKEL 10

Vom heiligen Abendmahl

Vom Abendmahl des Herrn wird gelehrt, daß der wahre Leib und das wahre Blut Christi wirklich unter der Gestalt von Brot und Wein im Abendmahl gegenwärtig sind und dort ausgeteilt und empfangen werden.

Entgegenstehende Lehre wird deshalb verworfen.

ARTIKEL 11

Von der Beichte

Von der Beichte wird gelehrt, daß man in der Kirche die dem einzelnen zugesprochene Absolution[1] beibehalten und nicht wegfallen lassen soll. Freilich ist es nicht nötig, alle Missetaten und Sünden in der Beichte aufzuzählen, weil das gar nicht möglich ist: „Wer kann merken, wie oft er fehlet?" (Psalm 19,13).

---

[1] D. h. Lossprechung, Sündenvergebung.

ARTIKEL 12

Von der Buße

Von der Buße wird gelehrt, daß diejenigen, die nach der Taufe gesündigt haben, jederzeit, wenn sie Buße tun, Vergebung der Sünden erlangen und ihnen die Absolution von der Kirche nicht verweigert werden soll. Wahre und rechte Buße ist im eigentlichen Sinne nichts anderes, als daß man Reue und Leid oder Entsetzen über die Sünde hat und daß man doch gleichzeitig an das Evangelium und die Absolution glaubt, nämlich daß die Sünde vergeben und durch Christus Gnade erworben ist. Dieser Glaube tröstet wiederum das Herz und gibt ihm Frieden. Danach soll man sich auch bessern und von Sünden lassen, denn dies sollen die Früchte der Buße sein – wie Johannes sagt: „Darum bringt rechtschaffene Frucht der Buße" (Matth. 3,8).

Hiermit werden diejenigen verworfen, die lehren, daß Menschen, die einmal zum Glauben gekommen sind, nicht wieder sündigen können.

Ebenso werden die Novatianer[1] verworfen, die denjenigen die Absolution verweigerten, welche nach der Taufe gesündigt hatten. Auch werden die verworfen, die nicht lehren, daß man durch Glauben Vergebung der Sünde erlangt, sondern durch eigenes Handeln, das Gott versöhnen will (urspr.: Genugtun).

---

[1] Anhänger Novatians, eines Presbyters und Theologen in Rom, Mitte des 3. Jahrhunderts.

ARTIKEL 13

Über Bedeutung und Gebrauch der Sakramente

Über die Bedeutung der Sakramente wird gelehrt, daß die Sakramente nicht nur als Zeichen eingesetzt sind, an denen man die Christen äußerlich erkennen kann, sondern daß sie

Zeichen und Zeugnis des uns geltenden göttlichen Willens sind. Durch sie soll unser Glaube erweckt und gestärkt werden. Darum fordern sie auch Glauben und werden dann richtig gebraucht, wenn man sie im Glauben empfängt und der Glaube durch sie gestärkt wird.

ARTIKEL 14

Von Amt und Ordination

Vom kirchlichen Amt (urspr.: Kirchenregiment) wird gelehrt, daß niemand in der Kirche öffentlich lehren oder predigen oder die Sakramente reichen soll, der nicht dazu ordnungsgemäß berufen [1] ist.

[1] Mit „berufen" wird hier ein umfassender Vorgang bezeichnet, der u. a. die Prüfung, Wahl, Berufung und Ordination des Pfarrers mit einschloß.

ARTIKEL 15

Von kirchlichen Ordnungen

Von kirchlichen Ordnungen, die von Menschen gemacht sind, lehrt man bei uns, diejenigen zu beachten, die ohne Sünde eingehalten werden können und die dem Frieden und guter Ordnung in der Kirche dienen, wie bestimmte Feiertage, Feste und dergleichen. Doch wird dabei klargestellt, daß man die Gewissen nicht mit der Behauptung belasten soll, solche Dinge seien notwendig zum Heil. Darüber hinaus wird gelehrt, daß alle Vorschriften (urspr.: Satzungen) und Traditionen, die von Menschen zu dem Zweck gemacht worden sind, dadurch Gott zu versöhnen und Gnade zu verdienen, dem Evangelium und der Lehre vom Glauben an Christus widersprechen. Deshalb sind Klostergelübde und andere Vorschriften über Fastenspeisen, Fastentage usw., durch die man Gnade zu verdienen und für die Sünde Genugtuung zu leisten meint, nutzlos und gegen das Evangelium.

ARTIKEL 16

Von staatlicher Gewalt und gesellschaftlichen Ordnungen

Von den staatlichen und gesellschaftlichen Ordnungen (urspr.: Polizei und weltlichem Regiment) wird gelehrt, daß alle Regierungsgewalt (urspr.: Obrigkeit) in der Welt, staatliche Rechtsordnung und Gesetze von Gott geschaffene und eingesetzte gute Ordnung sind. Christen können ohne Sünde[1] in Regierungsverantwortung (urspr.: Oberkeit), im Fürsten- und Richteramt wirken, nach kaiserlichen und anderen geltenden Rechten Urteile fällen und Recht sprechen, Rechtsbrecher mit dem Schwert[2] bestrafen, rechtmäßig Kriege führen und an ihnen teilnehmen, Prozesse anstrengen, kaufen und verkaufen, geforderte Eide leisten, Eigentum besitzen, heiraten usw.

Hiermit werden die Wiedertäufer verworfen, die das alles als unchristlich ablehnen.

Auch werden diejenigen verworfen, die lehren, daß christliche Vollkommenheit darin bestehe, Haus und Hof, Frau und Kind zu verlassen und dies alles aufzugeben, wo doch allein das die wahre Vollkommenheit ist: rechte Furcht Gottes und rechter Glaube an Gott. Denn das Evangelium lehrt nicht ein äußerliches, zeitliches, sondern ein innerliches, ewiges Wesen und Gerechtsein des Herzens. Es schafft weltliche Regierungsgewalt, Staatsordnung und Ehestand nicht ab, sondern will, daß man dies alles als wahrhaftige Ordnungen Gottes anerkennt und in diesen Lebensbereichen (urspr.: Ständen) christliche Liebe erweist und rechte, gute Werke tut, jeder in dem Verantwortungsbereich, in den er berufen ist (urspr.: jeder nach seinem Beruf). Deshalb sind die Christen verpflichtet, der Regierung, ihren Anordnungen und Gesetzen in allem zu gehorchen, soweit dies ohne Sünde geschehen kann. Wenn man jedoch den Anordnungen der Regierenden nicht ohne Sünde folgen kann, soll man Gott mehr gehorchen als den Menschen (Apg. 5,29).

---

[1] Gemeint ist: die genannten Funktionen sind als solche noch nicht sündhaft.

[2] „Schwert" bezeichnet die gesamte Ausübung staatlicher Gewalt, zu der damals auch die Todesstrafe gehörte.

Von Christi Wiederkunft zum Gericht

Auch wird gelehrt, daß unser Herr Jesus Christus am Jüngsten Tag kommen wird, um zu richten und alle Toten aufzuerwekken, den Gläubigen und Auserwählten ewiges Leben und ewige Freude zu geben, die gottlosen Menschen aber und die Teufel in die Hölle und zur ewigen Strafe zu verdammen.

Darum werden die Wiedertäufer verworfen, die lehren, daß die Teufel und die verdammten Menschen nicht ewige Pein und Qual leiden werden.

Ebenso werden hier einige judaistische Lehren verworfen, die gegenwärtig hervortreten, nach denen vor der Auferstehung der Toten die wahrhaft Heiligen und Frommen ein weltliches Reich aufrichten und alle Gottlosen vertilgen werden.

Vom freien Willen

Vom freien Willen wird gelehrt, daß der Mensch in gewissem Maße einen freien Willen hat: Er kann äußerlich ein ordentliches Leben führen und in Angelegenheiten, die der Vernunft zugänglich sind, frei entscheiden. Aber ohne Gnade, Hilfe und Wirkung des Heiligen Geistes kann der Mensch Gott nicht gefallen, ihn nicht von Herzen fürchten oder an ihn glauben, auch nicht die angeborene Lust zum Bösen aus dem Herzen reißen; sondern dies geschieht durch den Heiligen Geist, der durch Gottes Wort gegeben wird. Denn so spricht Paulus 1. Korinther 2, 14: „Der natürliche Mensch aber nimmt nichts an, was vom Geist Gottes kommt."

Damit man erkennen kann, daß hier nichts Neues gelehrt wird, seien die klaren Worte Augustins über den freien Willen angefügt: „Wir bekennen, daß alle Menschen einen freien Willen haben. Sie besitzen ja alle einen natürlichen, ihnen angeborenen Verstand und eine Vernunft, jedoch nicht, um damit Gott gegenüber etwas erreichen zu können, wie zum Beispiel Gott von Herzen zu lieben und zu fürchten. Sie haben vielmehr nur in den äußerlichen Dingen dieses Lebens die Freiheit, Gutes oder Böses zu wählen. Unter ‚Gutem‘ verstehe ich das, was man von Natur aus tun kann, wie zum Beispiel auf dem Acker arbeiten oder nicht, essen, trinken, zu einem Freund gehen oder nicht, Kleidung anziehen oder ablegen, bauen, heiraten, ein Handwerk ausüben oder dergleichen Nützliches und Gutes tun. Doch auch dieses alles ist und besteht nicht ohne Gott, sondern es ist alles aus ihm und durch ihn. Dagegen kann der Mensch aus eigener Wahl auch Böses unternehmen wie zum Beispiel vor einem Abgott niederknien, einen Totschlag verüben usw." [1].

---

[1] Zitat aus einem im Mittelalter Augustin (354–430) zugeschriebenen Buch.

ARTIKEL 19

Über den Ursprung der Sünde

Über den Ursprung der Sünde wird bei uns gelehrt: Wiewohl Gott der Allmächtige die ganze Natur geschaffen hat und erhält, bewirkt doch der Gott entgegengesetzte (urspr.: verkehrte) Wille in allen Bösen und Gottesverächtern die Sünde. Das ist nämlich der Wille des Teufels und aller Gottlosen, der sich, sobald Gott seine Hand abzog, von Gott weg dem Bösen zugewandt hat, wie Christus sagt: „Wenn der Teufel die Lüge redet, so spricht er aus, was in ihm ist" (Joh. 8,44).

ARTIKEL 20

Vom Glauben und guten Werken

Den Unseren[1] wird zu Unrecht nachgesagt, daß sie gute Werke verbieten. Ihre Schriften über die Zehn Gebote und über andere Themen beweisen, daß sie von rechter christlicher Lebensführung und guten Werken hilfreich geredet und dazu ermahnt haben. Das ist früher so kaum geschehen. Man hat sich in den Predigten vor allem für kindische und unnötige Werke wie Rosenkranzbeten, Heiligenverehrung, mönchisches Leben, Wallfahrten, Fastenordnungen, kirchliche Feiertage, Bruderschaften[2] usw. eingesetzt. Diese unnötigen Werke halten auch unsere Gegner jetzt nicht mehr für so wichtig wie früher. Außerdem haben sie inzwischen gelernt, vom Glauben zu reden, über den sie früher gar nicht gepredigt haben. So lehren sie jetzt, daß wir vor Gott nicht allein aus Werken gerecht werden, sondern fügen den Glauben an Jesus Christus hinzu und sagen, daß Glaube *und* Werke uns vor Gott gerecht machen. Diese Lehre bringt schon etwas mehr Trost, als wenn man nur lehrt, auf Werke zu vertrauen.

Weil nun die Lehre vom Glauben, die das Hauptstück des Christseins ist, lange Zeit – wie man zugeben muß – nicht vertreten worden ist, sondern überall nur die Lehre von den Werken gepredigt wurde, haben die Unseren folgendes gelehrt:

Unsere Werke können uns nicht mit Gott versöhnen und uns Gnade erwerben, sondern beides geschieht allein durch den Glauben – wenn man nämlich glaubt, daß uns um Christi willen die Sünden vergeben werden; er allein ist der Mittler, um den Vater zu versöhnen. Wer das durch eigenes Tun zu erreichen glaubt und dadurch Gnade verdienen möchte, der verachtet Christus und sucht einen eigenen Weg zu Gott, der dem Evangelium widerspricht.

---

[1] D. h. den Predigern, Theologen usw.
[2] Laienvereinigungen für Andachtsübungen und Werke der Frömmigkeit.

Diese Lehre vom Glauben wird deutlich und klar von Paulus an vielen Stellen vertreten, besonders Epheser 2,8 f.: „Denn aus Gnade seid ihr gerettet durch den Glauben, und das nicht aus euch selbst: Gottes Gabe ist es, nicht aus Werken, damit sich niemand rühmen kann" usw.

Daß hier von uns kein neues Verständnis eingeführt worden ist, kann man auch aus den Schriften Augustins (354–430) beweisen. Er hat sich zu dieser Sache ausführlich geäußert und lehrt ebenfalls, daß wir durch den Glauben an Christus Gnade erlangen und vor Gott gerecht werden und nicht durch Werke, wie dies seine ganze Schrift „Über den Geist und den Buchstaben" aufzeigt.

Obwohl diese Lehre von nicht sachkundigen Leuten meist verachtet wird, so zeigt sich doch, daß sie für schwache und erschrockene Gewissen sehr tröstlich und heilsam ist. Denn das Gewissen kann nicht durch Werke zu Ruhe und Frieden kommen, sondern allein durch den Glauben. Durch den Glauben bekommt es die Gewißheit, daß es um Christi willen einen gnädigen Gott hat – wie Paulus Römer 5,1 sagt: „Da wir nun durch den Glauben gerecht geworden sind, haben wir Frieden mit Gott."

Diesen Trost hat man früher nicht gepredigt, sondern hat die armen Gewissen zu eigenen Werken angetrieben, und man hat sich mancherlei Werke vorgenommen: einige hat das Gewissen in die Klöster gejagt in der Hoffnung, daß man dort durch das Klosterleben Gnade erwerben könne. Einige haben sich andere Werke ausgedacht, durch die sie Gnade verdienen und für die Sünde Genugtuung leisten wollten. Viele von ihnen haben aber dann erfahren, daß man dadurch keinen Frieden findet. Darum wurde es notwendig, diese Lehre vom Glauben an Christus zu predigen und mit Nachdruck zu vertreten, damit man weiß: Gottes Gnade ergreift man allein durch den Glauben – ohne eigenes Verdienst.

Außerdem wird gelehrt, daß hier nicht von einem solchen Glauben geredet wird, den selbst die Teufel und Gottlosen haben, die ebenfalls die Berichte vom Leiden und der Auferstehung Christi von den Toten für wahr halten. Statt dessen ist von dem wahren Glauben die Rede, der darauf vertraut, daß

wir durch Christus Gnade und Vergebung der Sünden empfangen.

Wer nun weiß, daß er durch Christus einen gnädigen Gott
hat, der kennt auch Gott, ruft ihn an und ist nicht mehr ohne
Gott wie die Heiden. Denn diesen Artikel von der Vergebung
der Sünden glauben Teufel und Gottlose nicht. Darum sind sie
gegen Gott, können ihn nicht anrufen und nichts Gutes von
ihm erhoffen. So, wie wir das hier ausgeführt haben, redet die
Heilige Schrift vom Glauben. Sie versteht unter Glauben nicht
ein Wissen, das Teufel und gottlose Menschen auch haben; so
wird zum Beispiel im 11. Kapitel des Hebräerbriefes vom Glauben gelehrt, daß Glaube nicht allein bedeutet, die biblischen
Berichte zu kennen, sondern volles Vertrauen zu Gott zu haben
und seine Zusage anzunehmen. Auch Augustin erinnert uns
daran, daß wir das Wort ,Glauben' in der Heiligen Schrift so
verstehen sollen, daß es die Gewißheit bedeutet, daß Gott uns
gnädig ist und nicht nur, biblische Berichte zu kennen, die auch
den Teufeln bekannt sind.

Ferner wird gelehrt, daß gute Werke getan werden sollen und
müssen, aber nicht so, daß man darauf vertraut, durch sie
Gnade zu verdienen, sondern daß man sie um Gottes willen
und zu Gottes Lob tut. Der Glaube ergreift immer nur die
Gnade und die Vergebung der Sünden; und weil durch den
Glauben der Heilige Geist gegeben wird, darum wird auch das
Herz befähigt, gute Werke zu tun. Denn solange das Herz ohne
den Heiligen Geist ist, ist es noch zu schwach und befindet sich
in der Gewalt des Teufels, der die arme menschliche Natur zu
vielen Sünden anstiftet. Das sehen wir an den Philosophen, die
versucht haben, ehrlich und anständig zu leben. Sie haben es
dennoch nicht erreicht, sondern sind in viele große, offenkundige Sünden gefallen. So ergeht es dem Menschen, der ohne den
rechten Glauben und ohne den Heiligen Geist ist und der sich
allein durch eigene menschliche Kraft bestimmen läßt.

Darum ist dieser Lehre vom Glauben nicht vorzuwerfen, daß
sie gute Werke verbietet, sondern man sollte sie vielmehr dafür
rühmen, daß sie lehrt, gute Werke zu tun, und Hilfe anbietet,
wie man zu solchen guten Werken kommen kann. Denn ohne
Glauben und ohne Christus sind menschliche Natur und

menschliches Können viel zu schwach, gute Werke zu tun, Gott anzurufen, im Leiden Geduld zu haben, den Nächsten zu lieben, übertragene Aufgaben zu erfüllen, gehorsam zu sein, Unzucht zu meiden usw. Solche wahrhaft guten und rechten Werke können ohne die Hilfe Christi nicht geschehen, wie er selbst Johannes 15,5 sagt: „Ohne mich könnt ihr nichts tun."

ARTIKEL 21

Über die Heiligenverehrung

Über die Verehrung der Heiligen wird von den Unseren gelehrt, daß man der Heiligen gedenken soll, damit unser Glaube dadurch gestärkt wird, daß wir sehen, wie ihnen Gnade widerfahren und ihnen durch den Glauben geholfen worden ist. Außerdem soll man sich an ihren guten Werken ein Beispiel nehmen, jeder für seinen Lebensbereich (urspr.: Beruf). So kann etwa der Kaiser in Gottes Namen mit gutem Gewissen (urspr.: seliglich und göttlich) dem Beispiel Davids folgen, wenn er Krieg gegen die Türken führt; denn beide haben ein königliches Amt inne, das von ihnen fordert, ihre Untertanen zu beschützen und zu beschirmen. Aus der Heiligen Schrift läßt sich aber nicht beweisen, daß man die Heiligen anrufen oder Hilfe bei ihnen suchen soll. „Denn es ist nur *ein* Gott und nur *ein* Mittler zwischen Gott und den Menschen, nämlich der Mensch Christus Jesus" (1. Tim. 2,5). Er ist der einzige Heiland, der einzige Hohepriester, Quelle der Gnade (urspr.: Gnadenstuhl) und Fürsprecher vor Gott (Röm. 8,34). Er allein hat versprochen, daß er unser Gebet erhören will. Gemäß der Schrift ist das der höchste Gottesdienst, daß man diesen Jesus Christus in allen Nöten und Anliegen von Herzen sucht und anruft: „Wenn aber jemand sündigt, haben wir einen Fürsprecher beim Vater, Jesus Christus, der gerecht ist" (1. Joh. 2,1).

ABSCHLUSS DES ERSTEN TEILS

Diese Artikel sind in etwa die Zusammenfassung der Lehre, die in unseren Gemeinden (urspr.: Kirchen) zur rechten christlichen Unterweisung und zum Trost der Gewissen sowie zur Besserung der Gläubigen gepredigt und gelehrt wird. Wir wollen ja auch unsere eigene Seele und unser Gewissen nicht gern vor Gott durch Mißbrauch des göttlichen Namens und Wortes der höchsten Gefahr aussetzen oder unseren Kindern und Nachkommen eine andere Lehre hinterlassen oder vererben als eine solche, die dem reinen göttlichen Wort und der christlichen Wahrheit gemäß ist. Weil nun diese Lehre in der Heiligen Schrift klar begründet ist und außerdem der allgemeinen christlichen, ja auch der römischen Kirche, soweit das aus den Schriften der Kirchenväter festzustellen ist, nicht widerspricht, meinen wir, daß unsere Gegner in den oben aufgeführten Artikeln mit uns nicht uneinig sein können. Deshalb handeln diejenigen sehr unfreundlich, hart und gegen alle christliche Einigkeit und Liebe, die unsere Prediger als Ketzer auszuschließen, zu verwerfen und zu meiden suchen. Sie haben dafür keinen triftigen Grund in einem Gebot Gottes oder in der Heiligen Schrift. Uneinigkeit (urspr.: Irrung) und Streit gibt es vor allem wegen einiger Traditionen und Mißbräuche. Weil also an den Hauptartikeln nichts fehlt und sie auch nicht mangelhaft begründet sind, und dies unser Bekenntnis Gott gemäß und christlich ist, sollten sich die Bischöfe billigerweise, selbst wenn bei uns zu wenig Tradition festgehalten wäre, wohlwollender erweisen. Zudem hoffen wir freilich, stichhaltige Gründe und Ursachen anführen zu können, weshalb bei uns einige Traditionen geändert und Mißbräuche abgestellt worden sind.

2. TEIL

UMSTRITTENE ARTIKEL ÜBER
ABGESCHAFFTE MISSBRÄUCHE

In den Artikeln des Glaubens wird also in unseren Gemeinden (urspr.: Kirchen) nichts gegen die Heilige Schrift oder die allgemeine christliche Kirche gelehrt. Es sind lediglich einige Mißbräuche abgestellt worden, die teils mit der Zeit von selbst eingerissen sind, teils mit Zwang durchgesetzt wurden. Darum halten wir es für notwendig, diese Mißbräuche aufzuzählen und die Gründe darzulegen, weshalb hier Änderungen zugelassen wurden. Hieraus möge Eure Kaiserliche Majestät erkennen, daß wir dabei nicht unchristlich oder frevelhaft gehandelt haben, sondern durch Gottes Gebot, das höher zu achten ist als alle Tradition, genötigt worden sind, solche Änderungen zu gestatten.

ARTIKEL 22

Über die Austeilung des Abendmahls
in beiderlei Gestalt

Den Laien wird bei uns das Abendmahl in beiderlei Gestalt gereicht, weil dies ein klarer Auftrag und ein Gebot Christi ist: „Trinkt alle daraus" (Matth. 26, 27). Hier gebietet Christus mit klaren Worten, daß alle aus dem Kelch trinken sollen.

Damit niemand diese Worte anfechten und so auslegen kann, als stehe dies allein den Priestern zu, weist Paulus 1. Korinther 11, 20 ff. darauf hin, daß die ganze Gemeinde in Korinth das Brot gegessen und aus dem Kelch getrunken hat (urspr.: beide Gestalten gebraucht hat). Bei diesem Brauch ist es lange Zeit in der Kirche geblieben, wie man aus der Geschichte und den Schriften der Kirchenväter beweisen kann. Cyprian (gest. 258) erwähnt an vielen Stellen, daß damals den Laien der Kelch gereicht wurde. Hieronymus (340/50–420) sagt, daß die Priester, die das Sakrament reichen, dem Volk das Blut Christi austeilen. Sogar Papst Gelasius (492–496) gebietet, daß man das Sakrament nicht zerteilen soll. Man findet auch nirgends ein Kirchengesetz, das bestimmt, (von den Laien sei) nur das Brot (urspr.: allein ein Gestalt) zu empfangen. Auch weiß niemand, wann oder durch wen dieser Brauch, nur eine Gestalt zu nehmen, eingeführt wurde, wenngleich der Kardinal Cusanus (1401–1464) zu wissen meint, wann dieser eingeführt wurde [1]. Nun ist aber offenkundig, daß eine solche Gewohnheit, die gegen Gottes Gebot und auch gegen die alten Kirchengesetze eingeführt wurde, unrecht ist. Darum war es nicht zulässig, die Gewissen derjenigen, die das heilige Sakrament gemäß der Einsetzung Christi empfangen wollten, zu beschweren und sie zu zwingen, gegen die Anordnung unseres Herrn Christus zu handeln. Und weil die Zweiteilung des Sakraments der Einsetzung durch Christus widerspricht, wird bei uns auch die übliche Prozession [2] mit dem Sakrament unterlassen.

---

[1] Durch das 4. Laterankonzil 1215.

[2] Zum Beispiel Fronleichnamsprozession, bei der nur die Hostie mitgeführt wird.

ARTIKEL 23

Über Priesterberuf und Ehestand

Leute aus allen Schichten haben überall in der Welt schon lange heftig geklagt über die große Unzucht und das wilde Leben jener Priester, die das Keuschheitsgebot nicht halten konnten. Mit solchen abscheulichen Lastern war es immer schlimmer geworden. Um dieses häßliche große Ärgernis, Ehebruch und andere Unzucht zu vermeiden, haben bei uns einige Priester geheiratet. Sie begründen dies damit, daß sie aus großer Gewissensnot zu diesem Schritt gedrängt und bewegt worden sind. Denn die Heilige Schrift bezeugt eindeutig, daß die Ehe von Gott dem Herrn eingesetzt worden ist, um Unzucht zu vermeiden. So sagt Paulus: „Um Unzucht zu vermeiden, soll jeder seine eigene Frau haben ..." (1. Kor. 7,2); und: „Es ist besser, zu heiraten als sich in Begierde zu verzehren" (1. Kor. 7,9). Indem Christus, der genau gewußt hat, was dem Menschen möglich ist, sagt: „Dies Wort fassen nicht alle" (Matth. 19,11), macht er deutlich, daß nur wenige die Gabe haben, ehelos (urspr.: keusch) zu leben; denn „Gott schuf den Menschen als Mann und Weib" (1. Mose 1,27). Ob es in menschlicher Macht oder Kraft steht, ohne besondere Gabe und Gnade Gottes, durch eigenen Entschluß oder ein Gelübde das zu verbessern oder zu ändern, was der allmächtige Gott geschaffen hat, hat die Erfahrung allzu deutlich gezeigt. Denn was an gutem, ehrbarem, zuchtvollem Leben, was an christlichem, ehrlichem oder redlichem Wandel bei vielen daraus folgte, und welche grauenhafte Unruhe und schreckliche Gewissensqual viele an ihrem Lebensende deshalb gehabt haben, das liegt auf der Hand, und viele von ihnen haben es selbst zugegeben. Weil also Gottes Wort und Gebot durch kein menschliches Gelübde oder Gesetz geändert werden kann, haben aus diesen und anderen Ursachen und Gründen Priester und andere Geistliche geheiratet.

Es kann auch aus der Geschichte und den Schriften der Kirchenväter bewiesen werden, daß es in der christlichen Kirche von alters her Brauch war, daß Priester und Diakone Ehefrauen hatten. So sagt Paulus: „Ein Bischof aber soll untadelig sein, Ehemann einer einzigen Frau" (1. Tim. 3,2). Es wurden auch in Deutschland erst vor vierhundert Jahren die Priester mit Gewalt gezwungen, den Ehestand für das Keuschheitsgelübde aufzugeben. Sie haben sich sämtlich so geschlossen und nachdrücklich dagegen gewehrt, daß der Erzbischof von Mainz, der das neue päpstliche Edikt in dieser Sache bekanntgab, bei einem Aufruhr der ganzen Priesterschaft (im Jahre 1075) beinahe im Gedränge umgebracht worden wäre. Gleich von Anfang an wurde dieses Verbot so hart und rücksichtslos durch-

gesetzt, daß der Papst zu jener Zeit nicht nur den Priestern eine
künftige Ehe verbot, sondern auch diejenigen Ehen ausein-
anderriß, die schon lange bestanden. Dies ist nicht nur gegen
alle göttlichen, natürlichen und weltlichen Rechte, sondern
widerspricht auch entschieden den Kirchengesetzen, die von
Päpsten selbst gemacht worden waren, und den wichtigsten
Konzilien.

Auch haben viele bedeutende, gottesfürchtige, verständige
Leute immer wieder zu bedenken gegeben, daß dieser erzwun-
gene Zölibat – das Verbot des Ehestandes, den Gott selbst eingesetzt und jedem freigestellt hat – nichts Gutes, sondern nur
viele große, böse Laster und viel Schlimmes bewirkt habe.
Selbst einer der Päpste, Pius II. (1458–1464), hat, wie seine
Biographie zeigt, oft gesagt und in seinem Namen erklären lassen: Es möge wohl einigen Grund dafür geben, warum den
Geistlichen die Ehe verboten sei; es gäbe aber viel höhere,
größere und wichtigere Gründe, weshalb man ihnen die Ehe
wieder erlauben sollte. Zweifellos hat Papst Pius dies als ein
verständiger, weiser Mann nach sorgfältiger Erwägung geäußert.

Deshalb vertrauen wir in Untertänigkeit gegenüber Eurer
Kaiserlichen Majestät, daß Eure Majestät als ein christlicher,
hochlöblicher Kaiser gnädig beherzigen werde, daß jetzt in
diesen letzten Zeiten und Tagen, von denen die Heilige Schrift
spricht, die Welt immer schlechter und die Menschen (dem
Bösen gegenüber) immer anfälliger und schwächer werden.

Darum ist es im höchsten Maße nötig, nützlich und christlich, sich um diese Einsicht zu bemühen, damit nicht, wenn der
Ehestand weiterhin verboten bleibt, noch ärgere Unzucht und
schändlichere Laster in deutschen Landen einreißen. Denn es
wird niemand diese Sache ändern oder sie besser machen können als Gott selbst, der den Ehestand eingesetzt hat, um
menschlicher Schwachheit zu helfen und der Unzucht zu weh-
ren.

Auch sagen die alten Kirchengesetze, man müsse zuweilen
die Schärfe und Strenge lindern und abschwächen um der
menschlichen Schwachheit willen und um Schlimmeres zu verhüten und zu vermeiden.

So zu handeln wäre auch in diesem Falle christlich und dringend erforderlich. Warum soll der Ehestand der Priester und
Geistlichen für die allgemeine christliche Kirche nachteilig
sein, und das gerade bei Pfarrern und bei anderen, die der Kirche dienen sollen? Es wird wohl künftig an Priestern und Pfarrern mangeln, wenn dieses harte Verbot des Ehestands länger
gelten sollte.

So ist nun die Tatsache, daß die Priester und Geistlichen heiraten dürfen, auf das göttliche Wort und Gebot gegründet.
Außerdem beweist die Geschichte, daß es verheiratete Priester
gegeben hat und daß das Gelübde der Keuschheit viele häßliche, unchristliche Ärgernisse, viel Ehebruch, schreckliche und
unerhörte Unzucht und abscheuliche Laster verursacht hat.
Einige ehrliche Domherren sowie einige Angehörige der Kurie
(urspr.: Kurtisan) in Rom geben es selbst zu und klagen darüber, wie furchtbar und übermächtig solche Laster im Klerus
sind und Gottes Zorn erregen. Darum ist es erbärmlich, daß
man den christlichen Ehestand nicht nur verboten, sondern an
einigen Orten auch ganz hart bestraft hat, als handle es sich um
eine große Übeltat, während doch Gott in der Heiligen Schrift
geboten hat, den Ehestand in allen Ehren zu halten. So wird
auch der Ehestand nach kaiserlichem Recht und in allen Staa-
ten, in denen es je Gesetze und Rechte gegeben hat, hoch ge-
lobt. Erst in letzter Zeit beginnt man, die Leute nur ihrer Ehe
wegen unschuldig zu quälen, noch dazu Priester, die man mehr
als andere schonen sollte. Dies geschieht nicht nur gegen das
göttliche Recht, sondern auch gegen die Kirchengesetze. Der
Apostel Paulus nennt 1. Timotheus 4, 1. 3. die Lehre, die die Ehe
verbietet, eine teuflische Lehre. Christus selbst sagt Johannes
8, 44, der Teufel sei von Anfang an ein Mörder. Beides stimmt
zusammen: Es muß eine Teufelslehre sein, die Ehe zu verbieten
und sich zugleich anzumaßen, eine solche Lehre mit Blutver-
gießen aufrechtzuerhalten.

Ebenso wie kein menschliches Gesetz Gottes Gebot außer
Kraft setzen oder ändern kann, so kann auch kein Gelübde
Gottes Gebot ändern. Darum gibt auch Cyprian (gest. 258)
den Rat, daß die Frauen, wenn sie die von ihnen gelobte
Keuschheit nicht halten können, heiraten sollen. So sagt er in

einem seiner Briefe: „Wenn sie aber die Keuschheit nicht halten wollen oder können, ist es besser, daß sie heiraten, als daß sie wegen ihrer Begierde ins Feuer fallen, und sie sollen sich vorsehen, daß sie den Brüdern und Schwestern kein Ärgernis bereiten."

Außerdem wenden auch alle Kirchengesetze große Milde und Nachsicht gegenüber denjenigen an, die in der Jugend Gelübde abgelegt haben; das gilt auch für die Priester und Mönche, von denen die meisten in ihrer Jugend aus Unwissenheit in einen solchen ehelosen Stand gekommen sind.

Artikel 24

Über die Messe

Zu Unrecht wird den Unseren vorgeworfen, sie hätten die Messe abgeschafft. Denn es ist offenkundig, daß die Messe, ohne uns rühmen zu wollen, bei uns mit größerer Andacht und mit mehr Ernst gehalten wird als bei den Gegnern. Auch werden die Leute immer wieder mit größter Sorgfalt unterwiesen, wozu das Heilige Sakrament eingesetzt ist und wozu es dienen soll, nämlich die erschrockenen Gewissen zu trösten. Dadurch werden die Leute zur Teilnahme an Kommunion und Messe ermutigt. Sie werden dabei auch vor anderen, falschen Lehren über das Sakrament gewarnt. Im übrigen wurden an der Ordnung des öffentlichen Meßgottesdienstes[1] keine nennenswerten Änderungen vorgenommen, außer daß an einigen Orten deutsche Gesänge neben den lateinischen gesungen werden, um das Volk dadurch zu unterweisen und zu üben. Denn alles, was im Gottesdienst geschieht, soll in erster Linie dazu dienen, daß das Volk dadurch lernt, was es von Christus wissen muß.

Die Messe ist aber offenkundig in der Vergangenheit auf mancherlei Weise mißbraucht worden. Man hat einen Jahrmarkt daraus gemacht, indem man sie gekauft und verkauft

---

[1] Urspr.: In den öffentlichen Ceremonien der Messe.

und in allen Kirchen überwiegend um des Geldes willen gehalten hat. Dieser Mißbrauch ist schon früher häufig von gelehrten und frommen Leuten angeprangert worden. Nun haben bei uns die Prediger darüber gepredigt, daß, wer das Sakrament unwürdig gebraucht, am Leib und Blut Christi schuldig ist (vgl. 1. Kor. 11, 27). Dadurch wurden die Priester an diese schreckliche Drohung erinnert, die eigentlich jeden Christen bewegen müßte. Deshalb sind schließlich die Kauf- und Winkelmessen, welche bisher um des Geldes und des Einkommens (Meßstipendien) der Priester willen gehalten werden mußten, in unseren Gemeinden (urspr.: Kirchen) weggefallen.

Dabei wurde auch der schreckliche Irrtum verworfen, unser Herr Christus habe – wie man lehrte – durch seinen Tod nur für die Erbsünde Genugtuung erwirkt und die Messe als Opfer für die anderen Sünden eingesetzt. So wurde die Messe zu einem Opfer für Lebende und Tote gemacht, um dadurch Sünde wegzunehmen und Gott zu versöhnen. Das hatte weiter zur Folge, daß man darüber diskutiert hat, ob eine Messe, die für viele gehalten wird, genauso viel bewirke wie Messen, die jeweils für einen einzelnen gelesen werden. Auf diese Weise kam es zu der unzählbaren Menge der Messen, weil man mit diesem Werk von Gott alles, was man nötig hatte, erlangen wollte. Der Glaube an Christus und der rechte Gottesdienst wurden darüber vergessen.

Deshalb war zweifellos eine Unterweisung notwendig, damit alle wissen, wie das Sakrament recht zu gebrauchen ist. Erstens: Die Heilige Schrift bezeugt an vielen Stellen, daß es kein anderes Opfer für die Erbsünde und für alle anderen Sünden gibt als allein den Tod Christi. Denn es steht im Hebräerbrief, daß sich Christus ein für allemal geopfert und dadurch für alle Sünden genuggetan hat. Es ist eine ganz unerhörte Neuerung in der Lehre der Kirche, daß der Tod Christi nur für die Erbsünde und nicht auch für alle anderen Sünden Genugtuung geleistet haben soll. Deshalb ist zu hoffen, jedermann werde verstehen, daß dieser Irrtum nicht ohne Grund verworfen worden ist.

Zweitens: Paulus lehrt, daß wir vor Gott Gnade durch Glauben und nicht durch Werke erlangen. Im Gegensatz dazu ist es ein offenbarer Mißbrauch der Messe, wenn man meint, durch dieses Werk Gnade zu erreichen; man weiß ja auch, daß die Messe als Mittel gebraucht wird, durch sie Sünden loszuwerden und Gnade und alle Güter bei Gott zu erlangen – und dies könne der Priester nicht nur für sich selbst bewirken, sondern auch für die ganze Welt und für andere Menschen, lebende wie tote.

Drittens: Das heilige Sakrament ist nicht dazu eingesetzt, um ein Opfer für die Sünden darzubringen, denn dieses Opfer ist bereits geschehen, sondern dazu, daß unser Glaube dadurch erweckt und die Gewissen getröstet werden. So erfahren sie durch das Sakrament, daß ihnen durch Christus Gnade und Vergebung der Sünde zugesagt sind. Deshalb fordert dieses Sakrament Glauben und wird ohne Glauben vergeblich gebraucht.

Die Messe ist also kein Opfer, um anderen Menschen, lebenden oder toten, ihre Sünden abzunehmen, sondern sie soll eine gemeinsame Feier (urspr.: Communion) sein, in welcher der Priester und die anderen das Sakrament für sich selbst empfangen. Darum wird bei uns folgende Ordnung gehalten: An Feiertagen und auch sonst, wenn Kommunikanten da sind, wird Messe gehalten und (das Sakrament) denen ausgeteilt, die es begehren. So bleibt bei uns die Messe in ihrem rechten Gebrauch, wie sie früher in der Kirche gehalten wurde. Dies kann man mit Paulus (1. Kor. 11) und aus den Schriften vieler Väter beweisen. Denn Chrysostomus (354–407) schildert, wie der Priester täglich (am Altar) steht und die einen zur Kommunion auffordert, die anderen aber zurückweist. Auch zeigen die alten Kirchengesetze, daß jeweils nur ein Priester das Abendmahl gehalten und an die anderen Priester und Diakone ausgeteilt hat. Denn so lauten die Worte in einem der Beschlüsse des Konzils von Nicäa (325): Die Diakone sollen ordnungsgemäß nach den Priestern vom Bischof oder Priester das Sakrament empfangen.

Es sind hier also keine Neuerungen eingeführt worden, die es früher in der Kirche nicht gegeben hat. Auch sind an der Ordnung des öffentlichen Gottesdienstes keine nennenswerten Änderungen vorgenommen worden. Vielmehr sind lediglich die zusätzlichen, unnötigen Messen weggefallen, die mißbräuchlich neben dem öffentlichen Gottesdienst (urspr.: Pfarrmesse) gehalten wurden. Deshalb darf billigerweise diese Art der Meßfeier nicht als ketzerisch und unchristlich verworfen werden. Denn man hat früher auch in den großen Kirchengebieten mit vielen Gläubigen, selbst an Tagen, wo viele Leute zusammenkamen, nicht täglich Messe gehalten. So wird uns zum Beispiel (in einem Kirchengeschichtsbuch aus dem 6. Jahrhundert[2]) berichtet, daß man in Alexandria am Mittwoch und Freitag die Schrift gelesen und ausgelegt und auch sonst alle Gottesdienste ohne Messe gehalten hat.

---

[2] Historia Tripartita, Buch 9.

ARTIKEL 25

Über die Beichte

Die Beichte wurde von unseren Predigern nicht abgeschafft. Auch bei uns ist es üblich, keinem das Sakrament zu reichen, der nicht vorher befragt wurde und die Vergebung empfangen hat (urspr.: verhört und absolviert). Dabei werden die Leute sorgfältig darin unterwiesen, wie tröstlich der Zuspruch der Vergebung ist, und wie hoch die Absolution geachtet werden muß. Denn es ist nicht die Stimme des vor uns stehenden Menschen oder sein Wort, sondern das Wort Gottes selbst, der hier die Sünde vergibt. Die Vergebung wird an Gottes Statt und in seinem Auftrag zugesprochen. Wie tröstlich und unentbehrlich dieser Auftrag und die Vollmacht zur Vergebung[1] für die erschrockenen Gewissen sind, wird mit großem Eifer gelehrt. Gott fordert, dem Zuspruch der Vergebung nicht weniger zu glauben, als wenn Gottes Stimme selbst vom Himmel erschallt. Wir sollen den Trost der Absolution fröhlich annehmen und

---

[1] Urspr.: Befehl und Gewalt der Schlüssel. Vgl. Matth. 16, 19 und 18, 18.

wissen, daß wir durch diesen Glauben Vergebung der Sünde
erlangen. Von diesen notwendigen Dingen haben früher die
Prediger, die über die Beichte viel gelehrt haben, nicht ein Wort
gesagt, sondern sie haben nur die Gewissen mit langen Aufzäh-
lungen der Sünden, mit Wiedergutmachung (urspr.: Genugtun), Ablaß, Wallfahrten und dergleichen gequält. Viele unserer
Gegner geben selbst zu, daß bei uns über die rechte christliche
Buße sachgemäßer geschrieben und gelehrt wird, als das lange
Zeit geschehen ist.

So wird über die Beichte gelehrt, daß man niemand zwingen
soll, die Sünden einzeln aufzuzählen; denn das ist unmöglich,
wie der Psalm sagt: „Wer kann merken, wie oft er fehlet?"
(Ps. 19,13). Und Jeremia sagt: „Es ist das Herz ein trotzig und
verzagt Ding; wer kann es ergründen?" (Jer. 17,9). Die elende
menschliche Natur steckt so tief in den Sünden, daß sie dieselben nicht alle sehen oder kennen kann, und sollten uns allein
die vergeben werden, die wir aufzählen können, wäre uns
wenig geholfen. Deshalb ist es nicht nötig, die Leute zu zwingen, die Sünden einzeln aufzuzählen. So haben es auch die
Väter gehalten, wie zum Beispiel Chrysostomus (354–407):
„Ich sage nicht, daß du dich selbst öffentlich preisgeben noch
bei einem anderen Menschen dich selbst anklagen oder schuldig sprechen sollst, sondern gehorche dem Propheten, der da
spricht: ‚Offenbare dem Herrn deine Wege.' Deshalb beichte
Gott dem Herrn, dem wahrhaftigen Richter, in deinem Gebet.
Bekenne deine Sünde nicht mit dem Munde, sondern in deinem
Gewissen."[2] Hier ist deutlich, daß Chrysostomus nicht fordert,
die Sünden einzeln aufzuzählen. So lehrt auch eine Erläuterung
zu einem Bußdekret[3], daß die Beichte nicht in der Schrift geboten, sondern von der Kirche eingesetzt ist. Dennoch lehren
unsere Prediger eifrig, daß die Beichte wegen der Absolution,
die das Hauptstück und das Entscheidende an ihr ist, zum
Trost der erschrockenen Gewissen und auch aus anderen Gründen beibehalten werden muß.

---

[2] Chrysostomus wird in der Kirchenrechtssammlung Gratians von 1140
zitiert.

[3] Erläuterung zur Kirchenrechtssammlung Gratians, Lyon 1506.

ARTIKEL 26

Über kirchliche Gebräuche[1]

Früher hat man gelehrt, gepredigt und geschrieben, daß Speisevorschriften und ähnliche von Menschen eingesetzte Gebräuche (urspr.: Tradition) dazu dienen, Gnade zu erwerben und für die Sünde Genugtuung zu leisten. Aus diesem Grund hat man ständig neue Fastengebote, neue Zeremonien, neue Ordnungen und dergleichen erdacht und ihre Einhaltung so nachdrücklich und unerbittlich betrieben, als seien sie notwendiger Gottesdienst, durch den man Gnade verdient, während man schwer sündige, wenn man sie nicht einhält. Dadurch ist viel schädlicher Irrtum in der Kirche entstanden.

Erstens sind dadurch die Gnade Christi und die Lehre vom Glauben verdunkelt worden, die uns das Evangelium mit großem Ernst vorhält. Dieses drängt entschieden darauf, daß man das Verdienst Christi hoch achtet und weiß, daß der Glaube an Christus weit über alle Werke zu setzen ist. Deshalb hat Paulus heftig gegen das Gesetz Mose und menschliche Traditionen gefochten, damit wir lernen sollen, daß wir vor Gott nicht aus unseren Werken rechtschaffen werden, sondern allein durch den Glauben an Christus, und daß wir um Christi willen Gnade erlangen. Diese Lehre ist fast ganz erloschen, weil man gelehrt hat, es sei mit festgesetztem Fasten, Speisegeboten, Kleidervorschriften usw. Gnade zu verdienen.

Zweitens haben solche Traditionen auch Gottes Gebot verdunkelt, denn man stellte sie weit über Gottes Gebot. Dies allein hielt man für ein christliches Leben: Wenn jemand auf eine bestimmte Weise Gottesdienst feierte, betete, fastete und sich kleidete, dann nannte man das ein geistliches, christliches Leben. Gleichzeitig bewertete man andere notwendige gute Werke als weltlich und ungeistlich, nämlich die, welche jeder gemäß seiner Berufung tun soll: Der Vater soll arbeiten, um Frau und Kinder zu ernähren und sie in der Furcht Gottes zu erziehen; die Mutter soll Kinder zur Welt bringen und sie pfle-

---

[1] Im Erstdruck: Vom Unterschied der Speis.

gen; ein Fürst und alle, die Macht haben (urspr.: Oberkeit),
sollen Land und Leute regieren usw. Man hielt solche von Gott
gebotenen Werke für weltlich und unvollkommen, während die
kirchlichen Bräuche feierlich als allein heilige, vollkommene
Werke bezeichnet wurden. Deshalb schuf man ohne Maß und
Ende solche Bräuche.

Drittens sind solche Bräuche zu einer schweren Belastung
der Gewissen geworden. Es war nämlich nicht möglich, sie
alle zu halten, und doch waren die Leute der Meinung, das
wäre ein notwendiger Dienst für Gott. Gerson (gest. 1429)
schreibt, daß viele dadurch in Verzweiflung geraten sind; einige
haben sich sogar umgebracht, weil sie nichts vom Trost der
Gnade Christi gehört haben. Wie Gewissen verwirrt wurden,
sieht man an den Scholastikern[2] und Theologen: Sie haben versucht, die gesamte Überlieferung zusammenzufassen und ent-
lastende Regelungen zu finden, um den Gewissen zu helfen. Sie
hatten so viel damit zu tun, daß darüber die ganze christliche
Lehre von wichtigeren Dingen wie vom Glauben, vom Trost in
tiefen Anfechtungen und dergleichen vernachlässigt wurde.
Schon früher haben viele fromme, gelehrte Leute darüber geklagt, daß solche Überlieferungen viel Streit in der Kirche verursacht und fromme Leute daran gehindert haben, zur rechten
Erkenntnis Christi zu kommen. Gerson und andere haben sehr
darüber geklagt. Ja, es hat sogar Augustin (354–430) mißfallen, daß man die Gewissen mit so vielen Bräuchen beschwert
hat. Deshalb weist er darauf hin, daß man sie nicht für nötig
halten soll.

Unsere Prediger haben also nicht frevelhaft oder in Mißach-
tung geistlicher Vollmacht über diese Dinge gesprochen, sondern es war dringend erforderlich, die erwähnten Irrtümer auf-
zudecken, die aus einem falschen Verständnis der Tradition
erwachsen sind. Denn das Evangelium zwingt dazu, in der
Kirche die Lehre vom Glauben zu vertreten, die nicht verstanden werden kann, wenn man meint, die Gnade durch selbstge-
wählte Werke verdienen zu können.

---

[2] Vertreter der mittelalterlichen Theologie, zum Beispiel Thomas von
Aquin, Duns Scotus und ihre Schüler.

Deshalb wird gelehrt, daß man durch die Einhaltung erdachter menschlicher Bräuche weder Gnade verdienen, noch Gott versöhnen, noch für die Sünde Genugtuung leisten kann. Daher darf daraus kein notwendiger Gottesdienst gemacht werden. Das wird folgendermaßen aus der Schrift begründet: Christus entschuldigt die Apostel, als sie übliche Bräuche nicht einhielten, indem er sagt: „Vergeblich dienen sie mir, weil sie solche Lehren überliefern, die nichts als Menschengebote sind" (Matth. 15,9). Weil er so etwas einen vergeblichen Dienst nennt, ist dieser nicht notwendig. Kurz danach sagt er: „Nicht was zum Mund eingeht, macht den Menschen unrein; sondern was aus dem Mund herauskommt, das macht den Menschen unrein" (Matth. 15,11). Ebenso sagt Paulus: „Das Reich Gottes ist doch nicht Essen und Trinken..." (Röm. 14,17); und: „So laßt euch nun von niemand verurteilen wegen Speise und Trank oder wegen eines Festes, Neumondes oder Sabbats" (Kol. 2,16). Petrus sagt: „Warum versucht ihr denn nun Gott dadurch, daß ihr ein Joch auf den Nacken der Jünger legt, das weder unsre Väter noch wir tragen konnten? Vielmehr glauben wir, durch die Gnade des Herrn Jesus gerettet zu werden, ebenso wie auch sie" (Apg. 15,10f.). Hier verbietet Petrus, die Gewissen zu beschweren mit immer mehr äußeren religiösen Übungen, mögen sie nun von Mose oder sonstwem stammen. 1. Timotheus 4 werden Anordnungen, welche bestimmte Speisen, die Ehe und anderes verbieten, „teuflische Lehren" genannt. Es widerspricht ganz und gar dem Evangelium, solche Werke einzusetzen oder zu tun, um damit Vergebung der Sünde zu verdienen oder zu meinen, ohne solches Tun könne niemand Christ sein.

Daß man aber unsere Prediger beschuldigt, sie verböten Selbstzucht und Askese (urspr.: Kasteiung und Zucht) wie Jovinian (4. Jahrhundert), läßt sich aus ihren Schriften widerlegen. Denn sie haben immer vom heiligen Kreuz gepredigt, daß Christen verpflichtet sind, Leiden auf sich zu nehmen, und daß dies die rechte, ernsthafte und nicht erfundene Askese ist.

Weiter wird gelehrt, daß jeder verpflichtet ist, durch körperliche Übungen wie Fasten und andere Anstrengungen so zu leben, daß er der Sünde keinen Angriffspunkt bietet. Dies soll er aber nicht tun, um durch solche Werke Gnade zu verdienen. Diese körperliche Übung soll nicht nur an bestimmten Tagen, sondern immer betrieben werden. Davon spricht Christus: „Hütet euch aber, daß eure Herzen nicht beschwert werden mit Fressen und Saufen ..." (Luk. 21,34) und: „Aber diese Art fährt nur aus durch Beten und Fasten" (Matth. 17,21). Paulus sagt, er beherrsche seinen Leib und unterwerfe ihn (1. Kor. 9, 27). Damit macht er deutlich, daß Selbstdisziplin nicht dazu dienen soll, Gnade zu erwerben, sondern den Körper geübt zu halten, damit dieser einen nicht hindert zu tun, wozu jeder in seinem Lebensbereich berufen ist. Nicht das Fasten also wird verworfen, sondern daß man daraus, zur Verwirrung der Gewissen, eine zwingende Vorschrift für bestimmte Tage und Speisen gemacht hat.

Auch werden von unserer Seite viele religiöse Ordnungen und Bräuche eingehalten, wie die Ordnung der Messe und bestimmte Gesänge, Feste usw., die dazu dienen, daß es in der Kirche ordentlich zugeht. Dabei wird das Volk darüber aufgeklärt, daß solcher äußerer Gottesdienst nicht vor Gott gerecht macht und daß man ohne Gewissensbelastung sicher sein kann, daß es keine Sünde ist, wenn man ihn unterläßt, sofern damit kein Anstoß erregt wird. Diese Freiheit in äußeren religiösen Ordnungen haben auch die alten Väter gelten lassen. So hat man in der Kirche des Ostens das Osterfest zu einer anderen Zeit als in Rom gehalten. Als einige diese Verschiedenheit als Grund für eine Kirchenspaltung ansehen wollten, sind sie von anderen darauf hingewiesen worden, daß es nicht nötig ist, in solchen Gebräuchen einheitlich zu verfahren. Irenäus (2. Jahrhundert) sagt: „Ungleichheit im Fasten hebt die Einigkeit des Glaubens nicht auf." Ebenso bestimmt ein Kirchengesetz [3] über derartige Ungleichheit in menschlichen Ordnungen, daß sie der Einigkeit der Christenheit nicht entgegensteht. An anderer Stelle, wo viele unterschiedliche Kirchengebräuche zusammengestellt sind, steht ein nützlicher christlicher Spruch: „Die Absicht der Apostel war es nicht, Feiertage einzusetzen, sondern Glaube und Liebe zu lehren." [4]

---

[3] Kirchenrechtssammlung Gratians von 1140.
[4] Historia Tripartita, (6. Jahrhundert) Buch 9.

ARTIKEL 27

Über die Klostergelübde

Wenn man über die Klostergelübde redet, ist es zuerst nötig zu bedenken, wie es bisher damit gehalten wurde, wie es in den Klöstern zuging und daß dort täglich sehr viel nicht nur dem Wort Gottes, sondern auch den päpstlichen Gesetzen zuwidergehandelt wurde. Denn zur Zeit Augustins (4./5. Jahrhundert) beruhten die klösterlichen Ordnungen auf freier Vereinbarung. Als danach die rechte Zucht und Lehre zerrüttet waren, hat man sich Klostergelübde ausgedacht und gleichsam mit einer frei erfundenen Zwangsordnung (urspr.: erdachtes Gefängnis) die Disziplin wiederherstellen wollen.

Darüber hinaus hat man neben den Klostergelübden viele andere Dinge erfunden und mit solchen Verpflichtungen und Auflagen viele, auch schon Minderjährige, belastet.

Ebenso sind viele Personen aus Unwissenheit in das Klosterleben geraten, die zwar nicht zu jung waren, die aber ihre Eignung weder genug erwogen noch verstanden hatten. Derart gefangen und verstrickt sind diese alle gezwungen und genötigt gewesen, in solchen Bindungen zu bleiben, obwohl auch päpstliches Recht vielen von ihnen Freiheit gegeben hätte. In den Frauenklöstern ist das noch beschwerlicher gewesen als in Mönchsklöstern, obwohl es angemessen gewesen wäre, die Frauen als die Schwächeren zu schonen. Diese Strenge und Härte hat auch vielen frommen Leuten früherer Zeiten mißfallen; denn sie haben deutlich gesehen, daß Knaben und Mädchen um des Lebensunterhaltes willen in die Klöster gesteckt worden sind. Sie haben sehr wohl erkannt, wie übel dieses Vorhaben ausgegangen ist, wieviel Ärgernis und Belastung der Gewissen es mit sich gebracht hat. Viele Leute haben geklagt, daß man in dieser heiklen Sache die Kirchengesetze überhaupt nicht beachtet hat. Zudem vertrat man eine Auffassung von den Klostergelübden, die bekanntlich auch vielen etwas verständigeren Mönchen mißfallen hat.

Es wurde nämlich behauptet, daß die Klostergelübde der Taufe gleichzustellen sind und daß man mit dem Klosterleben Vergebung der Sünde und Rechtfertigung vor Gott verdient. Ja, sie fügten noch hinzu, daß man mit dem Klosterleben nicht allein Gerechtigkeit und Rechtschaffenheit verdient, sondern daß man damit auch die im Evangelium gegebenen Gebote und Räte[1] einhält. So wurden also die Klostergelübde höher geschätzt als die Taufe. Daraus folgte die Vorstellung, daß man mit dem Klosterleben mehr Verdienste erwirbt als in anderen, von Gott gegebenen Aufgabenbereichen (urspr.: Ständen), wie in denen der Pfarrer und Prediger, der Regierenden, Fürsten, Herren und dergleichen, die doch alle ihre Berufung gemäß Gottes Gebot, Wort und Befehl erfüllen, ohne sich selbst eine höhere geistliche Würde zuzuschreiben. Keine dieser Aussagen kann geleugnet werden, denn man findet sie in ihren eigenen Büchern so vor.

Darüber hinaus lernt der, der so gefangen wurde und ins Kloster gekommen ist, wenig von Christus. Es wäre anders, wenn Lehrstätten der Heiligen Schrift und anderer Wissensgebiete, die der christlichen Kirche dienen, wie früher in den Klöstern zu finden wären, weshalb Pfarrer und Bischöfe aus den Klöstern hervorgegangen sind. Jetzt aber sieht alles ganz anders aus. Früher ging man ins Kloster mit der Absicht, die Schrift zu studieren. Jetzt wird vorgegeben, das Klosterleben sei dazu da, Gottes Gnade und Rechtschaffenheit vor Gott zu verdienen, ja, es sei ein Stand der Vollkommenheit; sie ziehen es den anderen Ständen, die von Gott eingesetzt sind, weit vor. Dieses alles wird hier nicht mit der Absicht der Verunglimpfung vorgetragen, sondern damit man so genau wie möglich hören und verstehen kann, was und wie unsere Prediger lehren und predigen. Erstens wird bei uns über die, die eine Ehe eingehen wollen, gelehrt, daß alle, die nicht geeignet sind, ledig zu bleiben, ermächtigt und berechtigt sind zu heiraten. Denn die Gelübde können Gottes Ordnung und Gebot nicht aufheben. Nun lautet

---

[1] Die sogen. „evangelischen Räte" sind vor allem die drei Grundgebote in der klösterlichen Tradition: Ehelosigkeit, Armut, Gehorsam; dann aber auch alle konkreten Weisungen der Bergpredigt usw.

Gottes Gebot so: „Jedoch um Unzucht zu vermeiden, soll jeder seine eigene Frau haben und jede Frau ihren eigenen Mann" (1. Kor. 7, 2). Nicht allein Gottes Gebot, sondern auch Gottes Schöpfung und Ordnung drängt und nötigt alle die zum Ehestand, die nicht durch eine besondere Fügung Gottes mit der Gabe der Ehelosigkeit beschenkt sind. Das besagt ein Wort Gottes selbst: „Es ist nicht gut, daß der Mensch allein sei; ich will ihm eine Gehilfin machen, die um ihn sei" (1. Mose 2, 18).

Was kann man nun dagegen vorbringen? Man rühme das Gelübde und die Verpflichtungen so viel man will, man werte sie auf, so sehr man kann, man kann dennoch nicht erzwingen, daß Gottes Gebot dadurch aufgehoben wird. Die Gelehrten sagen, daß die Gelübde nicht bindend seien, wenn sie gegen das Recht des Papstes stehen; wieviel weniger dürfen sie dann gegen Gottes Gebot binden, bestehen bleiben und Geltung beanspruchen!

Wenn die mit den Gelübden übernommenen Verpflichtungen so begründet wären, daß sie nicht auch aufgehoben werden könnten, hätten die Päpste auch nicht davon entbunden (urspr.: dispensiert) und besondere Ausnahmen gestattet. Denn es steht keinem Menschen zu, die Verpflichtungen, die aus göttlichen Rechten hervorwachsen, zu zerreißen. Darum waren sich die Päpste sehr wohl darüber im klaren, daß bei diesen Verpflichtungen Milde walten soll, und haben des öfteren dispensiert, so zum Beispiel den König von Aragonien (1134–1137) und viele andere. Wenn man nun um der Erhaltung zeitlicher Dinge willen dispensiert hat, ist es noch viel mehr recht und billig, wenn Dispens erteilt wird, wo es um die Not der Seelen geht.

Zweitens: Warum betont die Gegenseite so stark, daß man die Gelübde halten muß, ohne zu prüfen, ob die formalen Voraussetzungen des Gelübdes gegeben waren? Denn ein Gelübde soll sich auf erreichbare Ziele erstrecken und freiwillig, ungezwungen abgelegt werden. Inwieweit sich aber der Mensch in der Gewalt hat und die Fähigkeit besitzt, lebenslange Ehelosigkeit zu üben, weiß man wohl; es sind auch nur wenige Männer und Frauen, die von selbst, freiwillig und wohlüberlegt das Klostergelübde abgelegt haben. Ehe die Leute es selbst beurteilen können, überredet man sie zum Klostergelübde; manchmal werden sie auch dazu gezwungen und genötigt. Darum ist es nicht angemessen, daß man so streng und unnachgiebig über die Verpflichtung der Gelübde diskutiert, wenn man bedenkt, daß alle zugeben, es sei gegen die Natur und das Wesen des Gelübdes, wenn es nicht freiwillig, überlegt und wohlbedacht abgelegt wird.

Einige Kirchengesetze und päpstliche Dekrete heben die Gelübde auf, die vor dem Alter von 15 Jahren abgelegt wurden. Denn sie sind der Meinung, daß man vor diesem Alter noch nicht so viel Verstand besitzt, um darüber entscheiden zu können, wie das ganze Leben zu ordnen sei. Ein anderes Kirchengesetz räumt um der menschlichen Schwachheit willen noch mehr Jahre ein; es verbietet nämlich, das Klostergelübde unter 18 Jahren abzulegen. Dadurch haben die allermeisten eine Entschuldigung und eine Begründung dafür, die Klöster zu verlassen, denn die Mehrzahl ist in der Kindheit, vor diesem Alter ins Kloster gekommen.

Drittens: Auch wenn ein tadelnswerter Bruch des Klostergelübdes vorliegt, so kann daraus immer noch nicht gefolgert werden, daß man die Ehe solcher Leute auflösen müßte. Denn Augustin (354–430) sagt, daß man eine solche Ehe nicht auflösen soll. Nun steht ja Augustin in nicht geringem Ansehen in der christlichen Kirche, auch wenn einige später anders geurteilt haben.

Obwohl allein schon Gottes Gebot vom Ehestand sehr viele vom Klostergelübde befreit und löst, bringen doch die Unseren noch mehr Gründe dafür vor, daß Klostergelübde nichtig und nicht bindend sind. Denn aller Dienst für Gott[2], der von den Menschen ohne Gottes Gebot und Befehl erfunden und eingeführt wird, um Gerechtigkeit und Gottes Gnade zu erlangen, ist gegen Gott und steht dem heiligen Evangelium und Gottes Befehl entgegen. Christus selbst sagt: „Vergeblich dienen sie mir, weil sie solche Lehren überliefern, die nichts als Menschengebote sind" (Matth. 15,9). Auch lehrt Paulus überall,

---

[2] Urspr.: Gottesdienst. Hier und im folgenden wird der Ausdruck Gottesdienst zumeist in einem umfassenderen Sinne verstanden.

daß man Gerechtigkeit nicht aus unseren kirchlichen Regelungen und Frömmigkeitsformen (urspr.: Geboten und Gottesdiensten), die von Menschen erfunden sind, erstreben soll, sondern daß Gerechtigkeit und Rechtschaffenheit vor Gott aus Glauben und Vertrauen kommt – wenn wir nämlich glauben, daß uns Gott um seines einzigen Sohnes Christus willen in Gnaden annimmt.

Nun haben ja bekanntlich die Mönche gelehrt und gepredigt, daß selbsterdachte geistliche Übungen für die Sünde Genugtuung leisten und Gottes Gnade und Gerechtigkeit erwirken. Was heißt das nun anders, als die Herrlichkeit und den Lobpreis der Gnade Christi vermindern und die Gerechtigkeit des Glaubens verleugnen? Darum folgt daraus, daß solche üblichen Gelübde unrechter, falscher Gottesdienst gewesen sind. Auch deshalb sind sie nicht bindend. Denn ein gottloses Gelübde, das gegen Gottes Gebot geschehen ist, bindet nicht und ist nichtig; auch die Kirchengesetze lehren, daß der Eid nicht eine Verpflichtung zur Sünde sein darf.

Paulus sagt zu den Galatern: „Ihr habt Christus verloren, die ihr durch das Gesetz gerecht werden wollt, und seid aus der Gnade herausgefallen" (Gal. 5, 4). Deshalb sind alle, die durch Gelübde gerechtfertigt werden wollen, von Christus abgefallen und verfehlen die Gnade Gottes. Denn sie rauben Christus, der allein gerecht macht, die Ehre und geben diese Ehre ihren Gelübden und dem Klosterleben.

Unleugbar haben die Mönche auch gelehrt und gepredigt, daß sie durch ihre Gelübde und durch die Art und Weise des Klosterlebens gerecht werden und Vergebung der Sünde verdienen. Ja, sie haben noch unangemessenere und ungereimtere Dinge erdichtet und gesagt, daß sie ihre guten Werke anderen zukommen lassen könnten. Wenn hier einer verunglimpfen und übertreiben wollte, wieviel könnte er da zusammenbringen, dessen sich die Mönche jetzt selbst schämen und das sie nicht getan haben wollen! Darüber hinaus haben sie den Leuten eingeredet, daß die selbsterdachten religiösen Orden Stände christlicher Vollkommenheit seien. Das heißt ja, die Werke als Mittel der Rechtfertigung rühmen. Es ist kein geringes Ärgernis in der christlichen Kirche, daß man dem Volk einen solchen Gottesdienst empfiehlt, den die Menschen ohne Gottes Gebot erdichtet haben, und daß man lehrt, ein solcher Gottesdienst mache die Menschen vor Gott rechtschaffen und gerecht. Denn die Gerechtigkeit des Glaubens, die man an erster Stelle in der christlichen Kirche predigen soll, wird verdunkelt, wenn man mit dieser seltsamen „Engelgeistlichkeit" (vgl. Mark. 12,25; Kol. 2,18) und der Vorspiegelung von Armut, Demut und Keuschheit die Leute dahin bringt, daß sie staunend die Augen aufreißen.

Darüber hinaus werden auch die Gebote Gottes und der rechte und wahre Gottesdienst dadurch verdunkelt, wenn die Leute hören, daß allein die Mönche im Stand der Vollkommenheit sein sollen. Denn die christliche Vollkommenheit besteht darin, daß man Gott von Herzen und mit Ernst fürchtet, zugleich von Herzen hofft und glaubt, und auch darauf vertraut, daß wir durch Christus einen gnädigen, barmherzigen Gott haben; daß wir alles, was wir brauchen, von Gott erbitten und begehren können und sollen, und zuversichtlich von ihm in aller Trübsal Hilfe erwarten – jeder in seinem Beruf und Stand; daß wir zugleich mit Eifer sichtbar gute Werke tun und unserer Berufung nachkommen sollen. Darin besteht die rechte Vollkommenheit und der rechte Gottesdienst, nicht im Betteln oder im Tragen einer schwarzen oder grauen Kappe[3] usw. Das falsche Lob des Klosterlebens hat bei den einfachen Leuten viele schädliche Meinungen zur Folge. Wenn sie hören, daß man die Ehelosigkeit maßlos lobt, folgern sie, daß man nur mit beschwertem Gewissen verheiratet sein darf. Oder wenn der einfache Mann hört, daß allein die Bettler vollkommen sein sollen, kann er nicht wissen, daß er ohne Sünde Besitz haben und einen Beruf ausüben darf. Und wenn das Volk hört, es sei nur ein Rat[4], sich nicht zu rächen, folgern einige, es sei keine Sünde, außerhalb der geltenden Rechtsordnung (urspr.: Amt) Vergeltung zu üben, während andere den Schluß ziehen, diese sei dem Christen ganz und gar verboten, auch der staatlichen Gewalt.

Man liest auch viele Beispiele dafür, daß einige Frau und Kind oder auch ihr öffentliches Amt (urspr.: Regiment) verlas-

---

[3] Hinweis auf die verschiedenen Mönchsgewänder.　　　[4] Vgl. Anm. 1.

sen haben und ins Kloster gingen. Das nannten sie: Aus der Welt entfliehen und ein Leben suchen, das Gott mehr gefällt als das Leben der anderen. Sie haben auch nicht wissen können, daß man Gott nach den Geboten dienen soll, die er gegeben hat, und nicht nach den Geboten, die von Menschen ersonnen worden sind. Eine gute und vollkommene Lebensführung ist die, die Gottes Gebot für sich hat; eine gefährliche Art des Lebens aber ist die, die Gottes Gebot nicht für sich hat. Es ist nötig gewesen, über diese Dinge den Leuten Klarheit zu verschaffen.

Auch Gerson (gest. 1429) hat schon früher den Irrtum der Mönche in der Sache der Vollkommenheit getadelt und bezeugt, es sei zu seiner Zeit eine neue Behauptung gewesen, daß das Klosterleben ein Stand der Vollkommenheit ist.

So viele gottlose Meinungen und Irrtümer haften also an den Klostergelübden: Sie sollen rechtfertigen und vor Gott rechtschaffen machen; sie sollen die christliche Vollkommenheit sein; man halte damit sowohl die Räte [5] als auch die Gebote des Evangeliums; sie seien die überschüssigen Werke, die man Gott nicht schuldig sei. Weil das alles falsch, nutzlos und selbsterdacht ist, macht es die Klostergelübde nichtig und hebt ihre Verbindlichkeit auf.

---

[5] Vgl. Anm. 1.

ARTIKEL 28

Über die Vollmacht der Bischöfe

Über die Vollmacht der Bischöfe ist früher viel und mancherlei geschrieben worden, und manche haben dabei in unangemessener Weise die Vollmacht der Bischöfe mit der weltlichen Machtausübung (urspr.: Schwert) vermengt. Aus dieser unsachgemäßen Vermengung sind große Kriege, Aufruhr und Empörung entstanden, weil die Bischöfe, unter Berufung auf eine ihnen angeblich von Christus gegebene Vollmacht, nicht nur neue Gottesdienste eingeführt, sich die Absolution in be-

stimmten Fällen selbst vorbehalten und durch gewaltsame Ex-
kommunikation die Gewissen beschwert haben, sondern sich
auch anmaßten, Kaiser und Könige nach ihrem Gutdünken ein-
und abzusetzen. Diese Übergriffe sind in der Christenheit schon
seit langer Zeit von gelehrten und frommen Männern angeprangert worden. Darum sahen sich unsere Prediger genötigt,
zum Trost der Gewissen den Unterschied zwischen der geistlichen Vollmacht und der weltlichen Macht, die das Schwert
führt und die Regierungsgewalt ausübt, aufzuzeigen. Sie lehren
auch, daß man beide Herrschaftsweisen (urspr.: Regiment und
Gewalten) um des göttlichen Gebotes willen als zwei der höchsten Gaben Gottes auf Erden mit allem Ernst ehren und achten
soll.

So wird bei uns gelehrt, daß die Vollmacht der Sündenvergebung (urspr.: Gewalt der Schlüssel) und damit auch die der
Bischöfe nach dem Evangelium die Vollmacht und der Auftrag
Gottes ist, das Evangelium zu verkündigen, Sünden zu vergeben oder zu behalten und die Sakramente zu reichen und zu
gebrauchen. Denn Christus hat die Apostel mit diesem Auftrag ausgesandt: „Wie mich der Vater gesandt hat, so sende ich
euch. Nehmt den Heiligen Geist! Wem ihr die Sünden erlaßt,
dem sind sie erlassen; und wem ihr sie anrechnet, dem sind sie
angerechnet" (Joh. 20, 21−23).

Diese Vollmacht der Sündenvergebung und damit auch die
der Bischöfe wird einzig und allein ausgeübt durch das Lehren
und Predigen des Wortes Gottes und die Austeilung der Sakramente an viele oder einzelne, wie es der Berufung entspricht.
Denn es werden hier nicht irdische (urspr.: leibliche), sondern
ewige Dinge und Güter wie ewige Gerechtigkeit, der Heilige
Geist und das ewige Leben gegeben. Diese Güter kann man
nicht anders erlangen als durch das Amt der Verkündigung und
durch die Austeilung der heiligen Sakramente. Denn so spricht
Paulus: „Das Evangelium ist die Kraft Gottes, die alle rettet,
die daran glauben" (Röm. 1, 16). Weil nun die Vollmacht der
Kirche und der Bischöfe ewige Güter gibt und nur durch das
Predigtamt ausgeübt und wahrgenommen wird, behindert sie
die weltliche Macht und Regierung keineswegs. Denn die weltliche Gewalt geht mit völlig anderen Dingen um als das Evange-

lium. Sie schützt nicht die Seele, sondern Leib und Gut durch das Schwert und durch körperliche Strafen vor äußerer Bedrohung.

Darum soll man die beiden Herrschaftsweisen, die geistliche und die weltliche, nicht miteinander vermengen und durcheinanderbringen. Die geistliche Vollmacht hat ihren eigenen Auftrag, das Evangelium zu predigen und die Sakramente zu reichen. Sie darf nicht in ein fremdes Amt eingreifen, Könige ein- und absetzen, weltliche Gesetze und den Gehorsam gegenüber den Regierenden (urspr.: Oberkeit) aufheben oder zerrütten, sie darf auch nicht der weltlichen Gewalt Gesetze vorschreiben und in weltlichen Angelegenheiten Vorschriften machen, denn Christus selbst spricht: „Mein Königtum ist nicht von dieser Welt" (Joh. 18,36). Ebenso: „Wer hat mich denn zum Richter oder Schlichter über euch gesetzt?" (Luk. 12,14). Paulus sagt: „Unsre Heimat aber ist im Himmel" (Phil. 3,20); und: „Denn die Waffen, mit denen wir kämpfen, sind nicht schwach wie Menschenwaffen, sondern mächtig durch die Kraft Gottes, um Befestigungen zu zerstören. Wir zerstören nämlich damit Gedankengebäude und alles Hohe, das sich gegen die Erkenntnis Gottes erhebt" (2. Kor. 10,4—5).

So unterscheiden die Unseren die Verantwortungsbereiche beider Herrschaftsweisen und wollen, daß man beide als die höchsten Gaben Gottes auf Erden in Ehren hält.

Wo aber Bischöfe weltliche Herrschaft und Gewalt innehaben, besitzen sie diese nicht als Bischöfe durch göttliches Recht, sondern durch menschliches, kaiserliches Recht. Sie sind ihnen von römischen Kaisern und Königen zur weltlichen Verwaltung ihrer Güter verliehen worden, was mit dem Amt des Evangeliums nichts zu tun hat.

Nach göttlichem Recht besteht deshalb das bischöfliche Amt darin, das Evangelium zu predigen, Sünden zu vergeben, Lehrfragen zu entscheiden, Lehre, die gegen das Evangelium ist, zu verwerfen und die Gottlosen, deren gottloses Wesen offen zutage liegt, von der kirchlichen Gemeinschaft auszuschließen — nicht mit menschlicher Gewalt, sondern allein durch Gottes Wort. Hierin sind die Gemeindeglieder und die Kirchengemeinden den Bischöfen Gehorsam schuldig gemäß dem Wort Chri-

sti: „Wer euch hört, der hört mich" (Luk. 10,16). Wenn die
Bischöfe aber etwas gegen das Evangelium lehren, festlegen
oder einführen, dann gilt für uns das Gebot Gottes, in einem
solchen Fall nicht zu gehorchen. Es heißt bei Matthäus:
„Nehmt euch in acht vor den falschen Propheten" (7,15). Und
bei Paulus: „Aber selbst wenn wir oder ein Engel vom Himmel
euch ein Evangelium predigen würden, das anders ist, als wir
es euch gepredigt haben, der sei verflucht" (Gal. 1,8); und:
„Denn wir vermögen nichts gegen die Wahrheit, sondern alles
nur für die Wahrheit"; und: „... nach der Vollmacht, die mir
der Herr gegeben hat, um aufzubauen, nicht um niederzurei-
ßen" (2.Kor. 13,8.10). Das gilt ebenso nach dem Kirchenrecht.
Auch Augustin (354–430) schreibt in seinem Brief gegen Peti-
lian, man dürfe selbst Bischöfen, die ordentlich gewählt sind,
nicht gehorchen, wenn sie irren oder etwas gegen die heilige,
göttliche Schrift lehren oder anordnen.

Soweit nun die Bischöfe sonst noch Macht oder Rechtspre-
chung in anderen Angelegenheiten ausüben, wie zum Beispiel
in Ehe- oder Steuersachen[1], tun sie dies kraft menschlichen
Rechts. Wenn die zuständigen Bischöfe diese Verantwortung
nachlässig wahrnehmen, so müssen die Fürsten, ob gern oder
ungern, um des Friedens willen ihren Untertanen in diesen Dingen Recht verschaffen, um Unfrieden und große Unruhe in
ihren Ländern zu verhüten.

Außerdem diskutiert man, ob die Bischöfe berechtigt sind,
neue gottesdienstliche Formen[2] in der Kirche einzuführen und
Vorschriften über Fasten, Feiertage und die Rangordnung der
Geistlichen zu erlassen. Diejenigen, welche den Bischöfen diese
Macht zubilligen, berufen sich auf das Wort Christi: „Ich habe
euch noch viel zu sagen; aber ihr könnt es jetzt nicht ertragen.
Wenn aber jener, der Geist der Wahrheit, kommen wird, wird
er euch in alle Wahrheit führen" (Joh. 16,12 f.). Sie führen als
Beispiel auch Apostelgeschichte 15 an, wo bestimmt wird, sich
des Blutes und des Erstickten zu enthalten (Apg. 15,20). So
beruft man sich auch darauf, daß der Sabbat – ihrer Meinung

---

[1] Urspr.: Zehenter, d.h. eine Abgabe von Erträgen und Einkünften.
[2] Urspr.: Ceremonien, vgl. Art. 7, Anm. 1.

nach im Gegensatz zu den Zehn Geboten – in den Sonntag umgewandelt wurde. Kein anderes Beispiel wird so wichtig genommen und so häufig zitiert wie diese Umwandlung des Sabbats. Sie wollen damit beweisen, daß die Macht der Kirche groß ist, weil sie sich von der Beachtung der Zehn Gebote dispensiert und sie verändert hat.

In dieser Frage lehren die Unseren jedoch, daß die Bischöfe keine Macht haben, etwas festzusetzen und vorzuschreiben, was dem Evangelium widerspricht, wie oben gezeigt wurde und wie auch das Kirchenrecht lehrt. Es ist offensichtlich gegen Gottes Gebot und Wort, Gesetze zu machen oder aufzuerlegen mit der Absicht, dadurch für die Sünden Genugtuung zu leisten und Gnade zu erlangen. Denn es wird die Ehre des Verdienstes Christi gelästert, wenn wir uns anmaßen, durch die Beachtung solcher Vorschriften Gnade zu verdienen. Es ist auch offenkundig, daß gerade deswegen in der Christenheit von Menschen gemachte Regeln und Auflagen maßlos überhandgenommen haben, während die Lehre vom Glauben und der Glaubensgerechtigkeit ganz und gar unterdrückt worden ist. Man hat ständig neue Feiertage und Fasten angeordnet und neue Zeremonien und neue Heiligenverehrung eingeführt, um durch solche Werke Gnade und alles Gute bei Gott zu verdienen.

Ebenso verstoßen diejenigen, die menschliche Anordnungen einführen, gegen das Gebot Gottes, wenn sie die Nichtbeachtung von bestimmten Speisevorschriften, Tagen und ähnlichen Dingen für sündhaft erklären. Dadurch beschweren sie die Christenheit mit der Knechtschaft des Gesetzes, als müsse es unter Christen, um Gottes Gnade zu verdienen, einen Gottesdienst geben, der dem jüdischen (levitischen) gleicht; wird doch von einigen die Meinung vertreten, dies habe Gott selbst den Aposteln und Bischöfen so zu ordnen befohlen. Man kann auch annehmen, daß einige Bischöfe durch das Vorbild des Gesetzes Mose dazu verführt worden sind. Von daher kommen unzählige Vorschriften, so zum Beispiel: daß es eine Todsünde sein soll, wenn man an Feiertagen, auch wenn niemand Anstoß nimmt, Handarbeit verrichtet oder wenn man die vorgeschriebenen Stundengebete vernachlässigt; daß bestimmte Speisen das Gewissen beflecken; daß Fastenübungen Werke sind, die

Gott versöhnen; daß eine Sünde in einem vorbehaltenen Falle[3] nicht vergeben werden kann, wenn nicht der, der sich die Vergebung vorbehalten hat, dazu die Vollmacht erteilt, obwohl die Kirchengesetze selbst nicht von einem Vorbehalten der Schuld, sondern der Kirchenstrafe sprechen.

Woher haben denn die Bischöfe Recht und Macht, der Christenheit solche Vorschriften aufzuerlegen und so die Gewissen zu verstricken? Petrus verbietet in der Apostelgeschichte, den Jüngern ein Joch aufzuerlegen (Apg. 15, 10). Und Paulus sagt den Korinthern, die Vollmacht sei ihnen gegeben, um zu erbauen und nicht um zu verderben (2. Kor. 10, 8). Wieso vermehren sie dann die Sünden durch solche Regeln und Vorschriften?

Es gibt doch klare Aussagen der Heiligen Schrift, die verbieten, solche Vorschriften zu machen, um Gottes Gnade damit zu verdienen, oder sie als für die Seligkeit notwendig hinzustellen. Paulus sagt: „So laßt euch nun von niemand verurteilen wegen Speise und Trank oder wegen eines Festes, Neumondes oder Sabbats. Das alles ist nur ein Schatten von dem, was kommen sollte; die Wirklichkeit aber ist in Christus erschienen" (Kol. 2, 16 f.). Ebenso: „Wenn ihr nun mit Christus den Mächten dieser Welt gestorben seid, warum laßt ihr euch dann Satzungen auferlegen, als lebtet ihr noch in der Welt: Du sollst das nicht anfassen, du sollst dies nicht kosten, du sollst jenes nicht anrühren? Das alles soll doch dadurch, daß es verzehrt wird, vernichtet werden. Solche Vorschriften sind Gebote und Lehren von Menschen, die einen Schein von Weisheit haben" (V. 20 ff.). Ebenso verbietet Paulus in Titus 1, 14 öffentlich, daß man auf die jüdischen Fabeleien und die Gebote solcher Menschen achtet, die sich von der Wahrheit abwenden.

Christus selbst sagt von denjenigen, die solche Menschengebote aufrichten: „Laßt sie, sie sind blinde Blindenleiter!" (Matth. 15, 14). Und er verwirft solchen Gottesdienst und sagt: „Alle Pflanzen, die mein himmlischer Vater nicht gepflanzt hat, werden ausgerissen" (V. 13).

Wenn nun die Bischöfe Macht haben, die Kirchen mit unzähligen Vorschriften zu beschweren und die Gewissen zu verstrik-

---

[3] D. h. die Absolution ist den Bischöfen oder Päpsten vorbehalten.

ken, warum verbietet dann die Heilige Schrift so oft, menschliche Vorschriften zu machen und ihnen zu gehorchen? Warum nennt sie dieselben „Teufelslehren"? Sollte denn der Heilige Geist vergeblich vor alledem gewarnt haben?

Solche Anordnungen, die als notwendig auferlegt werden, um dadurch Gott zu versöhnen und Gnade zu verdienen, widerstreiten dem Evangelium. Deshalb dürfen die Bischöfe keineswegs solche Dienste für Gott (urspr.: Gottesdienste) erzwingen. Denn man muß in der Christenheit an der Lehre von der christlichen Freiheit festhalten, daß nämlich die Unterwerfung unter das Gesetz nicht notwendig ist zur Rechtfertigung, wie Paulus den Galatern schreibt: „Zur Freiheit hat uns Christus befreit! So steht nun fest und laßt euch nicht wieder unter das Joch der Knechtschaft zwingen!" (5, 1). Denn es muß am Hauptartikel des Evangeliums festgehalten werden, daß wir die Gnade Gottes durch den Glauben an Christus ohne unser Verdienst erlangen und sie nicht durch einen von Menschen eingesetzten Dienst für Gott verdienen.

Was soll man dann vom Sonntag und von ähnlichen Ordnungen und Zeremonien in der Kirche halten? Darauf antworten die Unseren: Die Bischöfe oder Pfarrer können Ordnungen machen, damit in der Kirche alles geordnet zugeht; nicht aber, damit dadurch Gottes Gnade erlangt wird und auch nicht, damit für Sünden genuggetan oder die Gewissen verpflichtet werden, dies für einen notwendigen Gottesdienst zu halten und es als Sünde anzusehen, wenn sie diese Anordnungen ohne Ärgernis übertreten. So ordnet Paulus in 1. Korinther 11, 5 f. an, daß die Frauen im Gottesdienst ihr Haupt bedecken und daß die Prediger im Gottesdienst nicht alle zugleich reden sollen, sondern in guter Ordnung einer nach dem anderen.

Es gebührt sich für die christlichen Gemeinden, solche Ordnungen um der Liebe und des Friedens willen zu befolgen, den Bischöfen und Pfarrern in diesen Fällen gehorsam zu sein und diese Ordnungen so zu halten, daß nicht einer bei anderen Anstoß erregt, und damit in der Kirche nicht Unordnung oder Durcheinander herrschen. Das soll aber so geschehen, daß die Gewissen nicht beschwert werden, indem man meint, diese Dinge seien heilsnotwendig, und es sei Sünde, sie nicht zu befol-

gen, selbst wenn damit bei niemandem Ärgernis erregt wird. Es
wird ja auch keiner sagen, daß eine Frau sündigt, wenn sie,
ohne daß die Leute daran Anstoß nehmen, ohne Kopfbedek-
kung ausgeht.

So steht es auch mit dem Halten des Sonntags, des Oster-
festes, des Pfingstfestes und ähnlicher Tage und Feiern. Es irren
diejenigen sehr, die behaupten, es sei das Halten des Sonntags
anstelle des Sabbats als notwendig eingeführt worden. Denn
die Heilige Schrift hat den Sabbat abgetan und lehrt, daß, seit
das Evangelium geoffenbart ist, alle kultischen Ordnungen des
Alten Testaments unterbleiben können. Weil aber doch ein be-
stimmter Tag festgesetzt werden mußte, damit das Volk wisse,
wann es sich versammeln soll, bestimmte die christliche Kirche
dazu den Sonntag; und man entschied sich um so lieber für
diese Änderung, weil die Menschen dadurch ein Beispiel christlicher Freiheit haben und weil sie wissen sollten, daß weder die
Beachtung des Sabbats noch sonst eines Tages heilsnotwendig ist.

Es gibt viele falsche Erörterungen über die Umwandlung des
Gesetzes (im Alten Bund), über die Zeremonien im Neuen
Bund und über die Verlegung des Sabbats. Sie sind alle aus der
falschen und irrigen Ansicht erwachsen, es müßte in der Christenheit einen Gottesdienst geben, der dem levitischen oder
jüdischen Gottesdienst entspricht, und Christus habe den Aposteln und Bischöfen aufgetragen, neue Gottesdienste auszuden-
ken, die heilsnotwendig sind. Diese Irrtümer haben sich in die
Christenheit eingeschlichen, weil man die Gerechtigkeit des
Glaubens nicht klar und rein gelehrt und gepredigt hat. Einige
verfechten die Ansicht, man müsse den Sonntag halten, zwar
nicht aus göttlichem, aber doch aus gewissermaßen göttlichem
Recht. Sie schreiben genau vor, was und wieviel man an Feiertagen arbeiten darf. Was sind solche Überlegungen anderes als
Fallstricke für das Gewissen? Obwohl sie menschliche Vorschriften lindern und Nachsicht üben wollen, so kann man
doch eine sinnvolle Erfüllung oder Linderung des Gesetzes
nicht ermöglichen, solange man bei der Meinung steht und
bleibt, daß sie notwendig sind. Dieser Auffassung muß man
aber sein, wenn man nichts von der Glaubensgerechtigkeit und
der christlichen Freiheit weiß.

Die Apostel haben geboten, sich vom Blut und Erstickten zu enthalten (Apg. 15,20). Wer aber hält sich heute noch daran? Und doch sündigt man nicht, wenn man es nicht tut, weil ja die Apostel selbst nicht die Gewissen mit einem solchen Zwang beschweren wollten, sondern es nur eine Zeitlang verboten haben, um Ärgernis zu vermeiden. Denn man muß bei dieser Vorschrift auf das Hauptstück christlicher Lehre achten, das durch dieses Apostel-Dekret nicht aufgehoben wird.

Man hält kaum noch eins der alten Kirchengesetze dem Wortlaut nach. Ständig kommen viele ihrer Einzelbestimmungen in Fortfall, auch bei denen, die an diesen Vorschriften voll Eifer festhalten. In dieser Situation kann man den Gewissen weder raten noch helfen, wenn sie nicht dadurch entlastet werden, daß wir diese Ordnungen nur in der Überzeugung einhalten können, daß sie nicht nötig sind und ohne Schaden für das Gewissen fortfallen können.

Die Bischöfe würden leicht den Gehorsam aufrechterhalten können, wenn sie nicht auf die Einhaltung solcher Vorschriften dringen würden, die doch nicht eingehalten werden können, ohne dabei zu sündigen. Jetzt aber verbieten sie statt dessen die Austeilung des Abendmahls in beiderlei Gestalt, versagen den Geistlichen die Ehe und nehmen niemanden an, der nicht zuvor schwört, er werde diese (unsere) Lehre nicht predigen, die doch ohne jeden Zweifel dem heiligen Evangelium entspricht. Unsere Gemeinden (urspr.: Kirchen) verlangen nicht, daß die Bischöfe Frieden und Einigkeit auf Kosten ihrer Ehre und Würde wiederherstellen, obwohl die Bischöfe im Notfall auch das tun müßten. Sie bitten lediglich darum, daß die Bischöfe einige der unangemessenen Belastungen aufheben, die es doch früher in der Kirche auch nicht gegeben hat und die im Gegensatz zur Praxis der allgemeinen christlichen Kirche eingeführt worden sind. Vielleicht hat es anfangs einige Gründe für solche Bestimmungen gegeben, sie passen aber nicht mehr in unsere Zeit. Es ist ferner nicht zu leugnen, daß manche auch aus Unkenntnis angenommen worden sind. Darum sollten die Bischöfe so weitherzig sein, solche Vorschriften zu mildern, zumal eine solche Änderung der Einheit der christlichen Kirche nicht schadet. Es sind ja schon viele von Menschen geschaffene

Bestimmungen im Laufe der Zeit von allein entfallen und brauchen nicht mehr beachtet zu werden, wie das päpstliche Recht selbst beweist. Wenn aber nicht einmal das bei ihnen erreicht werden kann, daß derartige menschliche Vorschriften gelockert oder abgeschafft werden, die man ohne Sünde nicht halten kann, dann müssen wir die Regel der Apostel befolgen, die uns gebietet, Gott mehr zu gehorchen als den Menschen (Apg. 5, 29).

Petrus verbietet den Bischöfen, so zu regieren, als hätten sie die Macht, Kirchen zu dem zu zwingen, was sie wollen (1. Petrus 5, 3). Es geht jetzt nicht darum, den Bischöfen ihre Macht zu nehmen, sondern es wird lediglich gebeten und verlangt, daß sie die Gewissen nicht zum Sündigen zwingen. Wenn sie aber nicht entsprechend handeln und diese Bitte abschlagen, dann mögen sie bedenken, wie sie es vor Gott verantworten können, daß sie durch ihre Härte Anlaß zu Kirchenspaltung und Schisma geben, was sie doch eigentlich verhüten helfen sollten.

ABSCHLUSS

Dies sind die wichtigsten Artikel, die umstritten sind. Man hätte zwar viel mehr Mißbräuche und Unrichtigkeiten anführen können, doch um Weitläufigkeit und Länge zu vermeiden, haben wir nur die wichtigsten aufgezählt, aus denen die anderen leicht erschlossen werden können. Man hat schon früher über den Ablaß, über Wallfahrten und Mißbrauch des Bannes sehr geklagt. Auch gab es viel Streit zwischen Pfarrern und Mönchen wegen des Beichthörens, des Begräbnisses, der Sonderpredigten [1] und vieler anderer Dinge mehr. Dies alles haben wir in guter Absicht und aus Rücksicht übergangen, damit man die wichtigsten Anliegen in dieser Sache um so besser erkennen

---

[1] Predigten bei besonderen Anlässen, die zum Teil auch mit zusätzlichen Einkünften verbunden waren (z. B. Almosenpredigten).

könne. Auch darf nicht unterstellt werden, es sei irgendetwas aus Haß gegen jemand oder zur Verunglimpfung geredet oder angeführt worden. Wir haben lediglich die Stücke aufgezählt, die wir aufzunehmen und herauszustellen für nötig gehalten haben, damit man daraus um so besser erkennen könne, daß bei uns nichts – weder in der Lehre noch in kirchlichen Ordnungen (urspr.: Zeremonien) – eingeführt worden ist, das entweder der Heiligen Schrift oder der allgemeinen christlichen Kirche entgegensteht. Denn es ist allgemein und öffentlich bekannt, daß wir mit größter Anstrengung und mit Gottes Hilfe – ohne uns rühmen zu wollen – verhütet haben, daß ja keine neue und gottlose Lehre in unsere Gemeinden (urspr.: Kirchen) eindringe, in ihnen einreiße und überhandnehme.

Die oben aufgeführten Artikel haben wir gemäß dem Reichstagsausschreiben übergeben wollen, um unser Bekenntnis und die Lehre der Unseren darzulegen. Sollte jemand damit noch nicht zufriedengestellt sein, so werden ihm weitere Ausführungen mit Begründung aus der göttlichen, Heiligen Schrift angeboten.

Eurer Kaiserlichen Majestät untertänigste gehorsame

Johann, Herzog zu Sachsen, Kurfürst
Georg, Markgraf zu Brandenburg
Ernst, Herzog zu Lüneburg
Philipp, Landgraf zu Hessen
Hanns Friedrich, Herzog zu Sachsen
Franz, Herzog zu Lüneburg
Wolf, Fürst zu Anhalt
Bürgermeister und Stadträte zu Nürnberg
Bürgermeister und Stadträte zu Reutlingen.

BIBLIOGRAPHIE

I. *Textausgaben*

Die Bekenntnisschriften der Evangelisch-Lutherischen Kirche, 5. Aufl., Göttingen 1963.

Bornkamm, H., Hrg., Das Augsburger Bekenntnis, Gütersloh 1978 (Übersetzung des lateinischen Textes).

II. *Textausgaben mit Erläuterungen und Kommentar*

Grane, L., Die Confessio Augustana, Göttingen 1970.

Keller-Hüschemenger, M., Die Augsburgische Konfession oder das Bekenntnis des Glaubens der evang.-luth. Kirche, Berlin und Hamburg 1969.

E. Kinder und K. Haendler, Lutherisches Bekenntnis. Eine Auswahl aus den Bekenntnisschriften..., Berlin 1962.

III. *Sekundärliteratur*

Fagerberg, H., Die Theologie der lutherischen Bekenntnisschriften, Göttingen 1965.

Forell, G. W., Die Augsburgische Konfession, Zur Sache Heft 2, Berlin 1970.

H. Meyer, H. Schütte und H. J. Mund, Hrg., Katholische Anerkennung des Augsburgischen Bekenntnisses? Ökumenische Perspektiven Nr. 9, Frankfurt 1977.

Schlink, E., Theologie der lutherischen Bekenntnisschriften, 3. Aufl., München 1948.

V. Vajta, Hrsg., Die Evangelisch-Lutherische Kirche, Stuttgart 1977 (besonders Kapitel 6).

Leif Grane · Die Confessio Augustana
Einführung in die Hauptgedanken der lutherischen Reformation
185 Seiten, kartoniert

Der Kopenhagener Kirchenhistoriker Leif Grane legt hier eine Erläuterung der wichtigsten reformatorischen Bekenntnisschrift vor. Er stellt sie zunächst in den Zusammenhang der reformationsgeschichtlichen Auseinandersetzungen und anderer zusammenfassender Bekenntnisäußerungen der Reformation. Vor allem geht es ihm darum, daß der Leser das Augsburger Bekenntnis im Zusammenhang mit Luthers ganzem theologischen Wirken sehen lernt, d. h. in erster Linie als Dokument seiner Zeit. Damit wird eine solide historische Grundlage für das aktuelle Verständnis der Confessio Augustana gelegt.

„. . . Zu jedem Artikel folgt ein ausführlicher Kommentar, der zahlreiche Schriften Luthers, Melanchthons, aber auch anderer Reformatoren mit heranzieht. Dadurch wird der genaue Sinn der Einzelaussagen historisch scharf beleuchtet. Grane ist es gelungen, die Theologie der Confessio Augustana für heutige Leser verständlich zu machen. Darum kann dieses Buch sowohl Theologiestudenten und Pfarrern, als auch interessierten Gemeindegliedern als gute Erläuterung der Confessio Augustana empfohlen werden." *Das Neueste*

Die Bekenntnisschriften der evangelisch-lutherischen Kirche
Herausgegeben im Gedenkjahr der Augsburgischen Konfession 1930
7. Auflage. XLVI, 1228 Seiten, Leinen

„Diese Ausgabe muß wohl als das Standardwerk der lutherischen Bekenntnisschriften bezeichnet werden, das für Theologie und Geschichte gleichermaßen wichtig und wertvoll ist. Es ist erstaunlich, mit welcher Gründlichkeit bis in die kleinsten Einzelheiten hinein der wissenschaftliche Apparat durchgearbeitet worden ist." *Bibel und Liturgie*

Aus dem Inhalt: Zum Verständnis der Schriftsprache des 16. Jahrhunderts / Auflösung der Abkürzungen / Einleitungen zu den einzelnen Schriften / Vorrede zum Konkordienbuch / Die drei altkirchlichen Symbole / Die Augsburgische Konfession / Die Apologie der Konfession / Die Schmalkaldischen Artikel / Von der Gewalt und Obrigkeit des Papstes / Der kleine Katechismus / Der große Katechismus / Die Konkordienformel / Register

Vandenhoeck & Ruprecht · Göttingen und Zürich